WESTEND

Nico Graack
Robin Jaspert &
Lara Wörner

Wer schuldet wem etwas?

Bullshit-Diskurse, Deutschland und Schuldenstreichung für den Globalen Süden

WESTEND

Impressum

Mehr über unsere Autoren und Bücher:
www.westendverlag.de

Die Deutsche Nationalbibliothek verzeichnet diese Publikation in der Deutschen Nationalbibliografie; detaillierte bibliografische Daten sind im Internet über http://dnb.d-nb.de abrufbar.

MIX
Papier | Fördert gute Waldnutzung
FSC® C014889
FSC
www.fsc.org

ISBN: 978-3-98791-317-4
1. Auflage 2025

Umschlaggestaltung: Buchgut, Berlin
Satz: Publikations Atelier, Weiterstadt
Druck und Bindung: Friedrich Pustet GmbH & Co. KG,
Gutenbergstraße 8, 93051 Regensburg
Printed in Germany

Inhalt

Kämpfe für Schuldenstreichung

Am Morgen des 30. November 1989 durchbrach die Mercedes-Limousine von Alfred Herrhausen im Seedammweg in Bad Homburg eine Lichtschranke, die einen 7 kg schweren Sprengstoffsatz zündete. Die Explosion traf den Wagen, Alfred Herrhausen verblutete noch am Tatort, sein Fahrer wurde schwer verletzt. Am Tatort gab es so gut wie keine Spuren. Einige Tage später tauchte ein Bekennerschreiben der Roten Armee Fraktion (RAF) auf. Doch die Echtheit des Schreibens wurde angezweifelt. Beweise: keine. Die Ermittlungen gegen eine 1999 festgenommene Verdächtige mussten schlussendlich eingestellt werden. Der Fall ist bis heute ungeklärt. Klingt nach einem True-Crime-Podcast? Vielleicht. Aber wir befinden uns in der Einleitung zu einem Buch über Schuldenstreichungen, was hat der Mord an Alfred Herrhausen also damit zu tun?

Alfred Herrhausen war Vorstandssprecher der Deutschen Bank. Daneben war er Aufsichtsratsvorsitzender bei Daimler-Benz, Continental, der Baufirma Philipp Holzmann, hatte Aufsichtsratsmandate bei der Münchener Rückversicherung, dem Energiekonzern Veba und der Lufthansa. Noch dazu war er enger wirtschaftspolitischer Berater des damaligen Kanzlers Helmut Kohl. Diese Häufung an Posten steht für die enge Verbindung finanzieller, industrieller und politischer Macht, die sich in Herrhausen vereinten.

Als Vorstandssprecher der Deutschen Bank schlug Herrhausen 1987 auf der Tagung von Internationalem Währungsfonds (IWF) und Weltbank in Washington einen »Schuldenerlass für die Entwicklungsländer« vor. Kurz zuvor war Herrhausen in Mexiko gewesen, das sich zu dieser Zeit in einer schweren Schuldenkrise befand. Mit diesem Vorschlag zog er nicht nur große Medienaufmerksamkeit, sondern auch die Missgunst seiner Kolleg:innen* in der Bankenbranche auf sich; insbesondere die, der US-amerikanischen, die durch eine Schuldenstreichung wesentlich mehr zu verlieren drohten als etwa die Deutsche Bank. Dennoch wiederholte Herrhausen die Forderung zunächst 1988 auf der Bilderberg-Konferenz und kurz darauf auf der in Berlin stattfindenden Tagung von IWF und Weltbank. Hinter Herrhausens Überzeugung für Schuldenstreichung standen wohl kaum Güte und Gerechtigkeitssinn, sondern eher kühnes Machtkalkül und das Ziel, die globale Machtposition der Deutschen Bank auszubauen. Dennoch, der True-Crime-Faktor bleibt: ein mächtiger Bankier, der umstrittene Forderungen stellt, die viele Feinde machen, und der unter bis heute ungeklärten Umständen ermordet wird. Anlässe zur Spekulation gibt es viele. Josef Ackermann, Vorstandssprecher der Deutschen Bank von 2006 bis 2012, antwortete 2010 bei Maybrit Illner auf die Frage, ob er nicht auch die Forderung eines Schuldenerlasses hätte stellen können, mit der Antwort, er wolle nicht wie Alfred Herrhausen enden.[1] Aber auch wenn wir nicht wie Herrhausen enden wollen: 2025 ist genau das richtige Jahr, um die Forderung nach Schuldenstreichung für den Globalen Süden in Deutschland wieder populär zu machen.**

---

* Wir verwenden in diesem Buch in den allermeisten Fällen gendergerechte Sprache, die durch den Doppelpunkt angezeigt wird und alle Geschlechter meint und sichtbar machen möchte. Den Doppelpunkt statt dem Asterix benutzen wir aufgrund der besseren Lesbarkeit bei Screenreadern. Um aber keine Verzerrung von tatsächlichen Geschlechterverhältnissen darzustellen, haben wir uns in Fällen, in denen Positionen weit überwiegend von Männern besetzt sind, entschieden, das generische Maskulin zu benutzen, um genau dieses patriarchale Herrschaftsverhältnis sichtbar zu machen.

** Ob Alfred Herrhausen für seine Forderung nach Schuldenstreichung ermordet wurde, bleibt unklar und diese Spekulation wollen wir an dieser Stelle nicht weitertreiben als Josef Ackermann sie 2010 trieb. Es gab zahlreiche andere Motive, die sowohl Wallstreet, RAF als auch russische

In diesem politischen Klima? Wirklich? Der Faschismus klopft an der Tür, die Klimakatastrophe zerstört unsere Lebensgrundlagen und die Krise der Lebenshaltungskosten schrumpft die Kaufkraft und Vermögen der Menschen mit niedrigen Einkommen dahin. Haben wir in diesen Zeiten brennender sozialer und ökologischer Fragen nicht Wichtigeres zu tun, als uns mit Staatsschulden auseinanderzusetzen? Ist es ernsthaft der richtige Zeitpunkt, eine scheinbar schwer in die Realität umzusetzende Forderung voranzutreiben? Arbeiten wir damit nicht in der politischen Tradition der Deutschen Bank? Braucht es nicht gerade jetzt politischen Pragmatismus, um den Aufstieg der Faschisten zu verhindern und zumindest das Ausmaß der sich entfaltenden Katastrophe einzudämmen? Reicht es denn nicht, einfach ein paar mehr Kredite an die Staaten des Globalen Südens* zu vergeben, damit diese sich vor den schlimmsten Naturkatastrophen schützen und endlich verhindern können, dass immer mehr Menschen nach Europa fliehen?

Nun, praktischerweise ist die Forderung nach einer umfassenden, bedingungslosen Schuldenstreichung für die Staaten des Globalen Südens eine der pragmatischsten politischen Forderungen zur konstruktiven Bearbeitung all dieser Zusammenhänge. Es ist nicht nur eine Forderung, die Linderung für soziale Krisen in den am stärksten von der Klimakrise betroffenen Regionen verspricht und dazu bei-

---

und DDR-Behörden gehabt haben könnten. Allerdings wollen wir an dieser Stelle auch auf den 1987 ermordeten Thomas Sankara, erster Premierminister Burkina Fasos und Panafrikanist, hinweisen, der sich vehement für eine Zahlungsverweigerung der afrikanischen Staaten einsetzte.

* Die Begriffe »Globaler Süden« und »Globaler Norden« nutzen wir, um zu bezeichnen, welche Stellung Staaten in der historisch gewachsenen und durch den Kolonialismus und seine Folgen geprägten politischen und ökonomischen globalen Machtstruktur einnehmen. Wenn wir abgekürzt nur »Süden« oder »Norden« verwenden, meinen wir dasselbe. Während die Menschen im Globalen Süden Erfahrungen von Ausbeutung aber auch Widerstand gegen den Globalen Norden teilen, gibt es nichtsdestotrotz eine unendliche Vielfalt an Lebensrealitäten im »Globalen Süden«.

tragen kann, dass tausende Tonnen fossiler Energieträger unter der Erde bleiben. Sie ist darüber hinaus eine von wenigen politischen Forderungen, die das Potenzial hat, zugleich weitreichende politische, soziale und ökonomische Veränderungen zu bewirken und nicht im Widerspruch zu den Bedürfnissen der unteren Klassen in den Ländern des Globalen Nordens zu stehen. Für die Arbeiter:innen in Deutschland entstehen keine Kosten, wenn die Finanzinstitutionen ein paar Milliarden weniger auf den Bilanzen haben. Ganz im Gegenteil: ihre Verhandlungsposition würde sich durch eine Schuldenstreichung drastisch verbessern.[2] Eine Schuldenstreichung verspricht die bessere Finanzierung der öffentlichen Daseinsvorsorge in den Staaten des Südens, also die Verfügbarkeit von finanziellen Mitteln etwa für Bildungs- und Gesundheitssystem und soziale Sicherungssysteme. Das würde es vielen Menschen erlauben, nicht fliehen zu müssen, sondern selbstbestimmt über den Wunschort ihres Lebens zu bestimmen. So würden die Gründe für unfreiwillige Auswanderung reduziert und zeitgleich der Grad der Freiheit und Selbstbestimmung vieler Menschen im Süden erhöht. Eine Schuldenstreichung ist eine der vielversprechendsten Lösungsansätze für die Frage der Finanzierung von Maßnahmen gegen die Ausbreitung und Folgen der Klimakrise und ein erster Schritt in der Begleichung der Klimaschulden, die der Globale Norden dem Globalen Süden gegenüber für die Verursachung der Klimakrise trägt. Sie ist eine Forderung nach Gerechtigkeit und dem Ende eines Systems, dessen Ursprünge auf den Kolonialismus und die durch die Kolonialmächte zurückgelassenen Staatsschulden zurückzuführen sind.

Die Forderung nach einer bedingungslosen Streichung der Schulden der Staaten des Südens zielt schlicht und ergreifend darauf ab, die ehemaligen Kolonien und am stärksten von der Klimakatastrophe betroffenen Staaten aus der strukturellen Abhängigkeit von den Kapitalmärkten und multilateralen Institutionen des Globalen Nordens zu befreien. Das Ziel ist die Erweiterung des fiskalischen, also finanzpolitischen, Handlungsspielraums in den Staaten des Südens, hin zu mehr echter politischer Souveränität und Autonomie von der Globalen Ökonomie und dem Globalen Norden. Just diese Erweiterung der Handlungsfähigkeit wird allerdings oft kontrovers diskutiert. Gibt es für lokale Eliten, die sich an den Staatskassen bedienen und für ihre Klasse Klientelpolitik betreiben nicht schon genug Handlungsspielraum? Das ist unstrittig. Es gibt auch innerhalb der aktuellen Struktur für Regierungen im Süden einen Handlungsspielraum, gerechtere oder ungerechtere Politik zu machen. Dieser Spielraum, den es sowohl auf der Staatseinnahmen- wie auch der Ausgabenseite in vielen Staaten des Südens durchaus gibt, wird von Rechten und Autoritären selten genutzt. Das ist aber kein Argument gegen die Erweiterung des Handlungsspielraums. Zum einen ist schlecht eingesetzte Freiheit noch lange kein Argument gegen Freiheit, und zum anderen setzen sich rechte Akteure und politische Eliten erfahrungsgemäß grundsätzlich weder für eine gerechte Welt noch für eine Schuldenstreichung ein. Das ist kein Zufall. Schließlich sind sie es, die von einem System profitieren, das die Staatsausgaben für die Interessen der breiten Bevölkerung niedrig hält und zugleich hohe Profite für Wenige durch Extraktivismus verspricht. Rechte Regierungen und Autokraten haben kein Interesse an einem Staat mit viel Handlungsspielraum für die öffentliche Daseinsvorsorge. Denn dann kann und wird diese, natürlich nicht automatisch, sondern durch harte politische Arbeit, von der Bevölkerung eingefordert. Genau dieses Potenzial, diese Perspektive, von unten eine Verbesserung der Lebensbedingungen überhaupt erkämpfen zu können, fehlte und fehlt aufgrund der Fesseln des Staatsschuldensystems vielen linken Kräften im Süden. Warum das so ist, was genau das System Staatsschulden ausmacht, und wie es als globaler Mechanismus den Profit privater und staatlicher Akteure im Norden sowie lokaler Eliten im Süden auf Kosten der Bevölkerungen des Südens absichert, erklären wir in den folgenden Kapiteln.

Wir sind dabei ganz offen: Das ist kein neutrales Buch mit objektiver Distanz zum Untersuchungsgegenstand, auch wenn unsere Argumente auf dem Fundament wissenschaftlicher Arbeiten stehen. Wir, also die drei Autor:innen dieses Buches, sind in einer der Bewegungen aktiv, die sich für eine bedingungslose Streichung der Staatsschulden des Globalen Südens einsetzt. Im Rahmen der 2020 von Menschen im Globalen Süden initiierten und angeführten Bewegung *Debt for Climate*, die inzwischen in über 30 Ländern organisiert ist, streben wir durch den Aufbau breiter Bündnisse an, Handlungsmacht von unten aufzubauen und eine Schuldenstreichung zu erwirken. Unser erklärtes Ziel in diesem Buch ist es, Euch und Sie davon zu überzeugen, dass eine Streichung der Schulden des Globalen Südens notwendiger Teil des Weges für ernsthafte politische Veränderung hin zu einer (klima)gerechteren Welt ist. Als wäre das nicht schon Aufgabe genug, wollen wir Euch und Sie aber nicht nur überzeugen, dass dem grundsätzlich in einer hypothetischen Zukunft oder einem imaginärem Ort so sein könnte, sondern genau jetzt, im Jahr 2025, und hier, in Deutschland, der richtige Zeitpunkt und Ort ist, um die bedingungslose Streichung der Schulden des Südens einzufordern. Ob uns dies gelingt, liegt bei Euch und Ihnen.

Uns ist wichtig, unmissverständlich klarzumachen: Die Forderung nach einer Schuldenstreichung für den Globalen Süden ist keine, die wir als drei *weiße**, in Deutschland sozialisierte Menschen, uns ausgedacht haben. Es ist eine Forderung, die in politischen Bewegungen und Kämpfen im Globalen Süden entstanden ist und auch heute hauptsächlich von linken Akteuren, Graswurzelorganisationen und zivilgesellschaftlichen Gruppen im Süden artikuliert wird. Wir verstehen unsere Rolle als Verstärkung dieser Stimmen in einem der politisch und ökonomisch wichtigsten Machtzentren des Globalen Nordens. Darüber hinaus zeigen wir, auch hier, wo wir sozialisiert wurden und politisch handlungsfähig sind, warum diese Forderung

---

* Wir schreiben weiß kursiv, weil wir damit eine soziale Positionierung in rassistischen Machtverhältnissen meinen, die dominant und privilegiert ist. Weiß meint keine biologische Eigenschaft, sondern ist ein soziales Konstrukt, das als vermeintliche Rechtfertigung für die Verteilung von Macht, Privilegien und Ressourcen innerhalb von und zwischen Gesellschaften dient.

auf Basis unserer Analysen nicht nur moralisch richtig, sondern politisch und ökonomisch dringend notwendig ist.

In diesem Buch besprechen wir konkret, warum diese Forderung in Deutschland realpolitisch so wenig Beachtung findet und welche Diskurse dem im Weg stehen. Was die Forderung von einer Schuldenstreichung für den Süden eigentlich bedeutet, wo genau sie herkommt, warum sie gerade jetzt so notwendig wie vielleicht noch nie ist und was, um Himmels Willen, Papst Franziskus damit zu tun hat, besprechen wir im nächsten Teil dieser Einleitung. Daran anknüpfend erklären wir, warum gerade Deutschland der richtige Ort ist, um unsere Forderung zu platzieren und für sie politisch zu kämpfen.

Riot, Streik, Riot

Staatsschuldenkrisen machen sich in den Lebensrealitäten der unteren Klassen zunächst durch steigende Preise sowie Sparmaßnahmen in der öffentlichen Daseinsvorsorge bemerkbar. So ist es wenig überraschend, dass die Ursprünge der politischen Organisierung für die Streichung von Staatsschulden in den Staaten des Südens in Zeiten einer ausgeprägten Staatsschuldenkrise, den 1970er und 1980er Jahren liegen.

Das Staatsschuldensystem hat eine ausgedehnte, koloniale Vorgeschichte und führte etwa in Haiti schon lange vorher zu umfassenden Krisen. Auf beides gehen wir im zweiten Kapitel ein. In der Schuldenkrise der 1970er und 1980er Jahre entwickelten sich jedoch mehrere neue Dimensionen des Staatsschuldensystems, was eine neue Qualität der Abhängigkeit bedeutete. Ein wichtiger Vorläufer für die Krise: die Kosten für die Zinszahlungen von Schulden im Globalen Süden stiegen ab Mitte der 1960er Jahren an. 87% der durch Neuverschuldung finanzierten Staatsausgaben in Süd- und Zentralamerika gingen in den 1960er Jahren ausschließlich für Zinszahlungen drauf, in Afrika ist von 73% auszugehen.[3] Das bedeutet eine neue Qualität, weil nun der größte Teil der Neuverschuldung zur Bedienung der

Profite der Gläubiger – also den Zinsen – zuzüglich zur Rückzahlung der Basissumme des Kredits aufgewendet wird.

Die Staatsfinanzen des Globalen Südens gerieten mit der ab 1973 einsetzenden, so-genannten, Ölkrise, in eine systemische Krise. Zu einem Zeitpunkt, an dem die Wirtschaftswachstumsraten im Globalen Norden gering und die Inflation hoch war, erhöhte die Organisation Erdölexportierender Staaten (OPEC) durch Absprachen den Weltmarktpreis für Öl*, was viele erdölimportierende Staaten in zusätzliche Schwierigkeiten brachte. Die Staatskassen der OPEC-Staaten jedoch wurden mit Profiten – bekannt als Petrodollar – geflutet, welches die Staaten durch US-amerikanische Banken anlegten.[4] Diese sahen aufgrund der wirtschaftlichen Stagnation keine profitablen Investitionsmöglichkeiten im Norden und investierten diese Dollar im großen Maßstab in Staatsanleihen des Globalen Südens – was die Kaufkraft und Nachfragen nach importierten Gütern im Süden stärken sollte, um so wiederum Absatzmärkte für die im Norden produzierten Güter zu kreieren. Davon profitierten unter anderem die USA, die 1973 das bis dato bestehende System fester globaler Wechselkurse, bekannt als Bretton-Woods-System, einseitig aufkündigten.

Da die USA aufgrund von geringem Wachstum und steigender Nachfrage nach US-Dollar nicht mehr zusichern konnten, den Goldstandard aufrechtzuerhalten, der im Kern des Bretton-Woods Systems stand, lösten sie das System fester Wechselkurse 1973 einseitig auf. Das führte zu starken Schwankungen der globalen Wechselkurse. Eine weitere Reaktion auf die hohe Inflation und das niedrige Wachstum waren mehrere Leitzinserhöhungen der Federal Reserve, der Zentralbank der USA, in den Jahren 1974 und 1979. Die Aufkündigung des Systems fester Wechselkurse und die Erhöhungen der Leitzinsen auf den US-Dollar führten zu explodierenden Kosten für die Staatsschulden für die Länder des Südens. Da die Währungen nicht

---

* Zu diesem Zeitpunkt der Geschichte waren die OPEC-Staaten noch im politischem Projekt der blockfreien Staaten verankert (mehr dazu in späteren Abschnitten des Buchs), die Preissteigerungen dienten auch zur Umsetzung der politischen Ziele dieser durch ökonomischen Druck.

mehr, wie vorher unter dem Bretton-Woods-System, an den US-Dollar gekoppelt waren und der Wert des US-Dollars durch die Leitzinserhöhungen drastisch anstieg, explodierten die Kosten für die Zinstilgung der flexiblen Zinssätze der Schulden, die vor allem in US-Dollar notiert waren (siehe Abbildung 1).

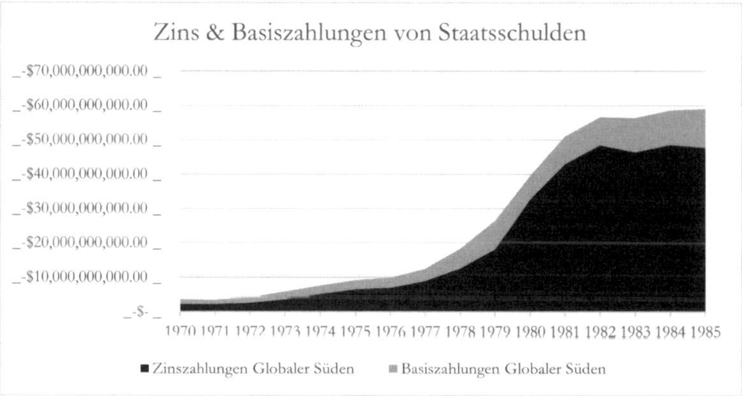

Abbildung 1: Kumulierte Kosten für die Zins- & Basiszahlungen externer allgemeiner Staatsschulden von Subsahara-Afrika, Südasien, Mittlerem Osten & Nordafrika, Süd-, sowie Zentralamerika & Karibik, Ostasien und Pazifik. Eigene Berechnungen. Quelle: World Bank International Debt Stastics.

Die Ausgaben für die Bedienung von Staatsschulden in den Staaten des Südens haben sich von 1971 bis 1984 fast verzehnfacht, von ungefähr 8 auf 83 Milliarden US-Dollar (siehe Abbildung 2). Zeitgleich litten die Staaten des Südens unter einem Leistungsbilanzdefizit. Das heißt: Der nationale Gesamtkonsum von Gütern in der Volkswirtschaft war wesentlich höher als die Produktion. Im Zeitraum von 1974 bis 1981 war dieses Defizit im Süden doppelt so hoch wie im Norden. Im selben Zeitraum verschob sich das bereits erwähnte Verhältnis von Zins- zu Basiszahlungen weiter. Während das Verhältnis 1970 noch bei ungefähr 1,5 zu 1 lag, sprang es 1980 auf 4,7 zu 1.[5] Immer mehr Schulden wurden also nur zum Tilgen der Zinsen aufgenommen. Die Schuldenkrise der 1970er und 1980er Jahre wurde noch durch zwei weitere Neuerung charakterisiert: Zum einen erweiterten der IWF und die Weltbank ihre Tätigkeiten erheblich, zum anderen fand eine starke Konzentration innerhalb der Eigner der Staatsschulden des Südens statt. Während der Besitz von Staatsanleihen des Südens bis in die 1960er Jahre oft breit verteilt war, führte die Konzentration der Finanzmärkte in den 1960er und 1970er Jahren dazu, dass immer weniger, immer größere Akteure die Staatsanleihen des Südens hielten. Diese konnten sich untereinander wesentlich besser absprechen und Druck ausüben; etwas das Jerome Roos als Gläubigerkartell bezeichnet.[6]

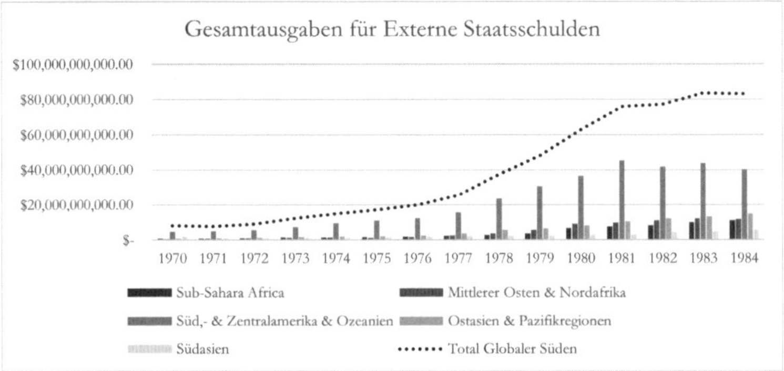

Abbildung 2: Totale jährliche Kosten für Zins- und Basiszahlungen allgemeiner, externer Staatsschulden. Quelle: Weltbank International Debt Statistics.

Die rapide ansteigenden Kosten für die Bedienung von Schulden in den 1970er und 1980er Jahren, die vor allem entstanden, um bereits bestehende Kredite zu bedienen, hatte weitreichende Folgen. Sie zwangen viele Staaten des Südens, deren Eliten nicht sowieso schon diesen Pfad eingeschlagen hatten, Ausgaben für die öffentliche Daseinsvorsorge massiv zu kürzen. Das wurde notwendig, weil die Ausgaben für Staatsschulden und vor allem die Zinszahlungen einen immer größeren Teil der Staatsausgaben beanspruchten. Da staatliche Unterstützung und Preisstabilisierungen immer dürftiger wurden, gingen die Preise für zahlreiche Güter durch die Decke, etwa da Subventionen für Lebensmittel wegbrachen. Die Folge: Proteste; und zwar massive. Riots, Streiks – darunter mehrere Generalstreiks – und Demonstrationen wurden ab 1976 Teil des politischen Alltags in vielen Staaten des Südens. Die Welle begann im Juli 1976 in Peru und Januar 1977 in Ägypten, breitete sich aber schnell aus. In 39 Staaten des Südens gab es zwischen 1976 und 1992 umfassende Proteste gegen die Beschränkungen der öffentlichen Daseinsvorsorge und immer expliziter auch für eine Streichung der Staatsschulden. Von Ghana, Jamaika, den Philippinen, Marokko, Ecuador, Bolivien, Tunesien, Mexiko, Sambia, Algerien, Venezuela, Jordanien, der Elfenbeinküste, dem Niger bis nach Indien und in zahlreichen weiteren zumeist gerade erst unabhängig gewordenen Staaten setzten sich die Menschen zur Wehr. Hier liegt der Ursprung der politischen Organisierung gegen das System der Staatsschulden im Globalen Süden, das die unteren Klassen im Süden in die Armut treibt und Profite im Norden generiert.

Ein Teil dieser Bewegungen waren Kämpfe gegen den IWF. Diese 1944 ins Leben gerufene multilaterale Institution*, dessen ursprüngliche Funktion die Aufrechterhaltung der Zahlungsfähigkeit in Finanzierungsschwierigkeiten geratener Staaten war, mischte sich ab den 1970er Jahren immer stärker in die souveränen Angelegenheiten der Staaten des Südens ein. Durch die Hintertür der Bedingungen von

* Gemeinsam mit dem IWF wurde auch die Weltbank 1944 in Bretton Woods gegründet. Während das Aufgabenfeld des IWF primär in der Bereitstellung von Notfallkrediten und der kurzfristigen Bereitstellung von Liquidität liegt, ist die Weltbank eine Entwicklungsbank. Sie finanzieren verschiedene Projekte in den Staaten des Südens, die – so die Mission der Weltbank – auf die Schaffung einer Welt frei von Armut auf einem lebenswerten Planeten, hinwirken. In der Praxis dienen viele der Projekte allerdings vor allem der Durchsetzung der Interessen des Globalen Nordens wie dem Zugang zu Rohstoffen. Ein konkretes Beispiel zum Zusammenwirken der so-genannten Zwillingsinstitutionen IWF und Weltbank besprechen wir in Kapitel 3.

Notfallkreditlinien diktierte der IWF zusehends Maßnahmen* der Privatisierung, Liberalisierung und De-Regulierung der Wirtschaft.[7] Riots gegen die zerstörerischen Folgen wurden, so die Insider-Berichte des ehemaligen Chef-Ökonomen der Weltbank Joseph Stiglitz, als regulärer Teil dieses Prozesses betrachtet.[8] Nicht alle Proteste der 1970er und 1980er Jahre richteten sich gegen den IWF und seine Politik, aber eine beträchtliche Anzahl. Die Hochphase der so-genannten IMF-Riots** ist zwar klar in den 1980er Jahren zu verorten, aber auch in den 1990er und 2000er Jahren prägten und prägen sie das Weltgeschehen.[9] Das gilt bis heute, etwa in Anbetracht der Proteste in Kenia, Sri Lanka und Argentinien.

Neben der immer stärkeren wissenschaftlichen Auseinandersetzung mit dem politischem und ökonomischen System der Staatsschulden, etwa von Raúl Prebisch und seinen Genoss:innen in der Dependenztheorie[10], wurden aus den Protestbewegungen heraus politische Organisationen aufgebaut, die das Ende der Knechtschaft durch das Schuldensystem zum Ziel hatten. Ein wichtiger Schritt zur Systematisierung der Schuldenfrage war die Konferenz zum Kontinentalem Dialog zu Externen Schulden, abgehalten am 3. August 1985 in Havanna, Kuba. Vertreter:innen verschiedener linker politischer Kräfte kamen zusammen, um ihre Kritik des Staatsschuldensystems zu besprechen und sich zu organisieren. Einer der Sprecher:innen dieser Veranstaltung war Fidel Castro, der sich für eine umfassende, bedingungslose Streichung der Schulden des Südens aussprach. Den Weg dahin sah er vor allem in der Organisierung einer kollektiven Zahlungsverweigerung[11]; eine Forderung, die auf dem afrikanischen Kontinent unter anderem von Thomas Sankara in Burkina Faso aufgenommen wurde. Für den Versuch, diese kollektive Zahlungsverweigerung panafrikanistisch zu organisieren, wurde Sankara in einem

* Mehr zu diesen so-genannten Strukturanpassungsprogrammen im nächsten Kapitel.

** Da IMF-Riots ein feststehender Eigenname ist, nutzen wir hier die Abkürzung des englischen Namens, International Monetary Fund (kurz: IMF)

mutmaßlich von Frankreich orchestriertem Coup 1987 ermordet.[12] In seine Fußstapfen traten zahlreiche Politiker:innen, Aktivist:innen und Organisationen, vor allem in den Ländern des Südens, aber auch im Globalen Norden. Eine der bekanntesten Personen, die für eine Schuldenstreichung eingetreten ist, war Nelson Mandela, der in Südafrika den Kampf gegen das Apartheid-System anführte.[13] Denn während die Ursprünge vieler Staatsschuldenberge in der Übertragung durch die ehemaligen Kolonialmächte liegen[14], geht in Südafrika noch zusätzlich ein nicht unerheblicher Teil der Schulden auf durch das Apartheid-Regime aufgenommene Kredite zurück. Diese wurden von Mandela und seinen Mitstreiter:innen gegen die Apartheid als illegitim angesehen.

In einer umfassenden Kampagne, die unter anderem durch die Alter-Globalisierungs-Bewegung getragen wurde, setzten sich im ausgehenden 20. Jahrhundert weltweit Menschen und Organisationen für eine Streichung der Staatsschulden des Globalen Südens ein. Der Kristallisationspunkt: das sogenannte Erlassjahr, das auf das Jahr 2000 fiel. Das Erlassjahr wird in biblischer Tradition eigentlich turnusmäßig alle fünfzig Jahre begangen.* Der Turnus wurde jedoch unter verschiedenen Päpsten schlussendlich auf 25 Jahre herabgesetzt.[15] Ziel ist die Streichung von Schulden, die Menschen in Abhängigkeit halten und voraussichtlich nicht bezahlt werden können. Die internationale *Jubilee*-Kampagne mit starker Beteiligung zivilgesellschaftlicher und kirchlicher Akteure führte letzten Endes zur Streichung von Schulden im Globalen Süden im Wert von circa 100 Milliarden US-Dollar.[16] Im Zuge dieser Entspannung für die Staatshaushalte wurde

---

* Es gibt in allen drei großen monotheistischen Weltreligionen eine Tradition der Schuldenstreichung, dem Judentum, Christentum sowie dem Islam. Im Judentum und Christentum gehen diese unter anderem auf das geteilte biblische Erbe zurück und sind im regelmäßig wiederkehrenden Erlassjahr institutionalisiert. Im Islam gibt es ebenso direkt auf überlieferte Aussagen Mohammeds zurückzuführende Praktiken des Erlassens von Schulden, die vielfach auch gelebt werden, aber in geringerem Ausmaß Teil einer institutionalisierten Praktik sind.

es zwar einigen Staaten des Südens möglich, die Ausgaben für die öffentliche Daseinsvorsorge erheblich zu steigern,[17] aber das Ende der Abhängigkeit vom internationalem Kapitalmarkt sowie multilateraler Kreditgeber wurde nicht erreicht. Das zeigt sich auch daran, dass in den frühen 2000er Jahren zahlreiche Riots, Streiks und Demonstrationen gegen Austeritätsmaßnahmen und das Schuldensystem organisiert wurden, etwa in Bolivien, Honduras, Kenia, Malawi, Nigeria, Paraguay, Südafrika und Sambia, sowie in zahlreichen weiteren Staaten.[18]

Das Ende der *Jubilee*-Kampagne markierte ebenso das Abflauen der Anti-Globalisierungs- Bewegung, in dessen Netzwerk die Forderung nach einer Staatsschuldenstreichung stets einen festen Platz hatte.[19] Auch deshalb war es, zugegebenermaßen vor allem im Globalen Norden, bis vor wenigen Jahren relativ still um das Thema Staatsschulden, trotz der Bemühungen einiger Kampagnen das Thema auch weiterhin auf der politischen Bildfläche zu halten. Den im Globalen Norden eindrücklichsten Weckruf für die fortbestehende Relevanz des Themas bildeten die explosiven Proteste gegen die orchestrierte Zerstörung des Sozialwesens in Griechenland durch die Europäische Kommission, Europäische Zentralbank und den IWF im Rahmen der Eurokrise ab 2012. In den Ländern des Südens war das Thema durchgehend präsent und spielte etwa im Arabischen Frühling eine wichtige Rolle.[20]

Jetzt

Das Jahr 2025 ist genau der richtige Zeitpunkt, um die seit 2021 aufgrund der immer drastischeren Schuldenkrisen im Süden wieder verstärkt geführten Kämpfe für eine Schuldenstreichung zuzuspitzen. Dafür gibt es vor allem drei Gründe: 1.) Die akute Schuldenkrise im Süden 2.) Die Klimakrise und 3.) Das Erlassjahr 2025.

1.) Die Schuldenlage in den Staaten des Südens ist so dramatisch wie noch nie.[21] Der durchschnittliche Schuldenstand »sich entwickelnder«* Staaten war 2023 doppelt so hoch wie das Bruttoinlandsprodukt, hat sich seit 2010 verdoppelt und ist damit wesentlich höher als in den 1980er Jahren.[22] Das bereits mehrfach erwähnte Verhältnis von Zins- zu Basiszahlungen ist seit der Finanzkrise 2007 drastisch angestiegen; von 0,7 im Jahr 2006 bis zu einem Höchstwert von 2,5 in 2019.[23] 243 Milliarden US-Dollar der externen Schulden des Globalen Südens wurden Ende 2022 von Akteuren in ehemaligen Kolonialmächten gehalten, 709 Milliarden US-Dollar von IWF und Weltbank.[24] Aktuell befinden sich 55 Staaten in einer akuten Schuldenkrise.[25] Mehrere Staaten, darunter Ghana[26], Sambia[27] und Sri Lanka[28] mussten die Rückzahlung von Schulden aussetzen – was aber leider keiner Streichung gleichkommt, sondern endlose Verhandlungen mit den Kreditgeber:innen bedeutet und letzten Endes meist zur Erfüllung ihrer Forderungen führt. Das wirkt sich drastisch auf die Lebensrealitäten der Menschen in diesen Staaten aus. So wird davon ausgegangen, dass die Ausgaben für das Gesundheitswesen in den am stärksten von der Klimakrise betroffenen Staaten 2024 unter

* Der Begriff der Entwicklung ist in diesem Kontext kompliziert. Auf der einen Seite ist die Unterscheidung zwischen entwickelten und sich-entwickelnden Staaten in internationalen Organisationen wie beispielsweise den Vereinten Nationen weit verbreitet und bildet die Grundlage für die Klassifikation, auf deren Basis ein Großteil der verfügbaren Daten erhoben und gekennzeichnet wird, so auch die hier verwendeten. Auf der anderen Seite suggeriert der Begriff der Entwicklung, dass es eine klare Abfolge von Schritten, sozusagen einen Entwicklungszeitstrahl gibt, auf dem Staaten sich unabhängig voneinander, wenn sie sich nur für die richtigen Weichenstellungen entscheiden, von A nach B bewegen. Am oberen Ende dieses Schemas steht immer der Globale Norden – dessen Entwicklungsmodell allerdings auf der Ausbeutung des Südens beruht und damit nicht replizierbar ist. Andererseits wurde der Begriff aber auch in den historischen Bewegungen des Südens angeeignet, um aufzuzeigen, dass die Entwicklung des Nordens notwendig der Unterentwicklung, also Ausbeutung und Beherrschung, des Südens bedarf. Deswegen nutzen wir den Begriff der Entwicklung gelegentlich, entweder aus Pragmatismus zur Beschreibung von Daten oder um die Wiederaneignung des Begriffes aufzuzeigen.

dem Niveau von 2010 lagen.[29] Heute betragen die Ausgaben für das Gesundheitswesen in den »am wenigsten entwickelten Staaten« nur rund 5% des Bruttoinlandproduktes – in Deutschland sind es 13%.[30] Die Konsequenzen sind drastisch und weitreichend. Die Zuspitzung der Proteste steht in vielen betroffenen Staaten trotzdem erst noch bevor. In einigen, wie etwa Kenia, sind die politischen Kämpfe derzeit auf einem Hochpunkt. Eine Schuldenstreichung ist ein Ziel dieser Bewegungen.

2.) Wir befinden uns an einem kritischen Zeitpunkt der Klimakatastrophe. Jeder nur erdenkliche Bericht von Klimawissenschaftler:innen zeigt: es müssen jetzt, und nicht übermorgen oder sonst irgendwann, Unsummen an Geld für den Umbau von Energie-, Produktions-, und Transportwesen sowie Anpassungen an die jetzt schon extremen Folgen der Klimakatastrophe bereitgestellt werden. Zwischen 100 und 300 Billionen US-Dollar Investitionen werden dafür bis 2050 weltweit veranschlagt.[31] Das entspricht dem 200 bis 600-fachem des Soll-Haushaltes der Bundesrepublik für 2024.[32] Also: absurd viel Geld. Es zeichnet sich bereits ab, dass weder die eigentlich im Rahmen der COP-Verhandlungen zugesagten multilateralen Mittel jemals auch nur in die Nähe dieser Summen kommen werden,[33] noch die Umlenkung privater Investitionen in irgendwie ein kleines bisschen grünere Fonds ausreichen werden, um diese Summen bereitzustellen.[34] Eine Schuldenstreichung würde dem Globalen Süden zumindest ein Minimum an finanziellem Handlungsspielraum ermöglichen.

3.) Im Jahr 2025 jährt sich das Erlassjahr. Mehrere religiöse Akteure, vor allem christliche,* haben aus diesem Grund bereits angefangen, für eine Schuldenstreichung in den Staaten des Südens zu mobilisieren; auch, aber nicht nur aufgrund der zugespitzten Staatsschuldenlage. Zwar ist etwa die katholische Kirche nicht der favori-

* So werden aktuell etwa laut Rabbi Baruch S. Davidson aus einer jüdischen Perspektive die Bedingungen zum Begehen des Erlassjahres nicht als erfüllt angesehen.

sierte Bündnispartner für linke Bewegungen, aber Papst Franziskus ist ein geopolitisches Schwergewicht – und Argentinier. Franziskus ist sich der Probleme von Staatsschuldenkrisen auch aufgrund seiner eigenen Lebenserfahrungen äußerst bewusst.[35] Nicht nur er, sondern zahlreiche kirchliche Akteure, unter anderem aus verschiedenen afrikanischen Staaten, schaffen es, das Thema der Staatsschulden und ihrer möglichen Streichung auf die politische Agenda zu setzen.[36]

Das Aufmerksamkeitsfenster ist offen. Der Zeitpunkt ist günstig. Doch was bringt es, schon wieder auf ein Erlassjahr zu setzen, wenn schon das letzte nur wenig zur Verbesserung der Lage des Südens beigetragen hat? Wichtig ist dabei, sich auf die Ursprünge der Bewegungen gegen das Staatsschuldensystem zu besinnen. In den Bewegungen ging es nicht darum, aufgrund des Wohlwollens der Kirche eine minimale Verbesserung zu erreichen. Es ging um das Erstreiten politischer Selbstbestimmung, den Kampf gegen ein System illegitimer Herrschaft und vor allem die konkrete Organisierung einer Alternative. Die Vorläufer der IMF-Riots liegen in der Bewegung der blockfreien Staaten, die für die umfassende Befreiung der Kolonien und ehemaligen Kolonien aus dem Kolonialismus* und dem Neo-Kolonialismus** gekämpft haben.[37] In diesem Sinne sprechen wir nicht von einem Erlass der Schulden. Der Norden steht nicht in einer moralisch höheren Position. Er kann dem Süden nichts erlassen. Ganz im Gegenteil. Der Norden schuldet dem Süden etwas. Für den vor allem in ökonomischer Hinsicht nicht aufgearbeiteten Terror des Kolonialismus und die Verursachung der Klimakrise, deren Kosten vor allem die Menschen im Süden tragen. Wenn hier irgendwer irgendwem irgendwas erlässt, dann der Süden dem Norden die Schuld für Kolonialismus und Klimakrise. Um die Bedingungen dafür zu legen, müssen

* Von uns nach Bauriedl (2019) definiert als »die Inbesitznahme, Unterdrückung und Ausbeutung eines Landes durch ein anderes Land unter Anwendung von militärischer Gewalt und legitimiert durch eine rassistische Unterordnung der Kolonisierten«

** Frei nach Kwame Nkrumah (1965): Die Fortführung kolonialer Herrschaft durch ökonomische statt direkter politischer Mittel.

als erster Schritt die illegitimen finanziellen Schulden des Südens gestrichen werden. Damit diese Forderung aber nicht wie schon im Jahr 2000 im Sand verläuft, muss sie von Bewegungen flankiert werden, die sich nicht nur für die Streichung der Staatsschulden, sondern für weitreichende politische Veränderungen einsetzen. Und genau diese Bewegungen sehen wir zurzeit in vielen Staaten des Südens aufflammen.

Hier

Das ist ja alles schön und gut, mag sich so manch eine:r jetzt denken. Aber warum, um alles in der Welt, sollten wir uns denn dann jetzt hier, in Deutschland, für eine Streichung der Schulden des Südens einsetzen? Dafür gibt es eine ganze Palette an Gründen, die wir im Verlauf des Buches vorstellen. Ein grundsätzliches Problem, das uns in unserer politischen Arbeit in Deutschland immer wieder begegnet: in Deutschland kursieren eine Reihe realitätsverzerrender Wohlfühl-Diskurse. Diese Diskurse bezeichnen wir in diesem Buch als Bullshit-Diskurse. Wir sehen sie als zentrales Hindernis, in Deutschland endlich über materiell tatsächlich relevante Bearbeitung drängender Probleme zu reden. Denn statt wirksamer Politik etwa gegen die Klimakrise oder für die Aufarbeitung des Kolonialismus begnügen sich weite Teile der deutschen politischen Öffentlichkeit mit sorgsam kurierten Bruchteilen der Realität, in denen der größere Kontext und die materielle Realität ausgeblendet wird. Aus dieser Betrachtung heraus werden falsche und unwirksame politische Schlussfolgerungen abgeleitet.

Was also sind Bullshit-Diskurse und wie funktionieren sie? Zunächst beinhalten Bullshit-Diskurse immer ein Fünkchen Wahrheit, sonst würden sie nicht funktionieren. Sie selektieren gezielt einen Bruchteil der Realität und blähen diesen überproportional auf, um daraus ein entrücktes Selbstbild zu konstruieren und einen weitaus größeren Teil der Gegebenheiten gezielt auszublenden. Unser Ziel in diesem Buch ist es, einige dieser Diskurse rund um das Thema Staatsschulden zu bearbeiten, um die Debatte in beiden Feldern voranzubringen; weg von deutschen Empfindlichkeiten, hin zu gerechter Politik. Wir besprechen drei große in der Bundesrepublik gepflegte Bullshit-Diskurse: 1.) zur Verwebung von Kolonialismus mit dem Schuldensystem, 2.) über Deutschland und die Klimakrise, sowie 3.) zur wundersamen Deutschen Wirtschaft. Im Anschluss an das Auseinanderfriemeln dieser Diskurse stellen wir heraus, wie der Einsatz für eine bedingungslose Schuldenstreichung helfen würde, die kognitive Dissonanz zwischen Selbstverständnis und Handeln zu bearbeiten. Diese drei Eckpunkte bilden die nächsten drei Kapitel, bevor wir uns im abschließenden Kapitel mit Kritikpunkten an der Forderung und der aktuellen politischen Lage auseinandersetzen.

Bullshit

»Wir Sind Erinnerungsweltmeister« heißt es, inzwischen gerne halbironisch, in Deutschland.[38] Oft werden die deutsche Erinnerungspolitik und das Gedenken an die Shoah auch international als Beispiele für gelungene Vergangenheitsbewältigung angebracht. Was bezüglich der Shoah falsch ist, stimmt für den Kolonialismus schon gar nicht. In der Erinnerung an die Shoah stehen deutsche Empfindlichkeiten statt der Perspektiven von Juden:Jüdinnen im Zentrum,[39] für die Enteignungen in der Arisierung der Wirtschaft wurden nie Entschädigungen gezahlt, das geraubte Eigentum nie restituiert. Heute leitet die Bundesregierung aus ihrer vielbeschworenen historischen Verantwortung die bedingungslose Unterstützung der rechtsextremen Regierung Israels ab, die sie mit dem Judentum gleichsetzt, inmitten der systematischen und gezielten Vertreibung und Ermordung* von Palästinenser:innen in Gaza.[40] Mit Gerechtigkeit,

* Führende Menschenrechtsorganisationen, beispielsweise Amnesty International, bezeichnen dieses Vorgehen als Genozid. Der Internationale

Aufarbeitung oder gar Wiedergutmachung – wenn eine solche überhaupt möglich ist – hat all das nichts zu tun. Selbes gilt in Deutschland für den Kolonialismus, wobei dieser und seine Folgen überhaupt erst in kleinen Stückchen und aufgrund anstrengender Kämpfe engagierter Menschen Beachtung erfährt.

Gerne wird betont, Deutschland hatte ja gar nicht so viele Kolonien, man habe ja nicht so wirklich vom Kolonialismus profitiert, die systematische Ermordung von mindestens 50 000 Ovaherero und Nama sei kein Völkermord gewesen – zumindest keiner der einer materiellen Entschädigung bedürfe –, und überhaupt sei alles aufgearbeitet. **Bullshit**. Die Realität ist eine andere, wie wir im zweiten Kapitel zeigen. Deutschland hat nicht nur historisch erheblich vom Kolonialismus profitiert und Verbrechen gegen die Menschlichkeit begangen, sondern ist bis heute Nutznießer von der Fortführung der im Kolonialismus aufgebauten Abhängigkeitsbeziehungen. Ein zentraler Hebel für die fortbestehende Ausbeutung ist das Staatsschuldensystem.

Im dritten Kapitel besprechen wir einen ebenso stark ausgeprägten Wohlfühl-Diskurs zu Deutschland und der Klimafrage. Deutschland sei eigentlich Weltmeister der Klimagerechtigkeit, denn immerhin treibe man auf internationaler Ebene die Klimaverhandlungen voran. Auch sei man Vorreiter im Ausstieg aus fossilen Energien und dem Aufbau eines erneuerbaren Energiesystems – in Deutschland und in aller Welt. **Bullshit**. Die Realität ist eine andere. In Deutschland ist nicht nur der historische Ausstoß von Treibhausgasen pro Person einer der höchsten der Welt, auch heute liegt er meilenweit über dem globalen Durchschnitt. Und während man sich in der heimischen Presse als Klima-Weltmeister gibt, treibt die Bundesregierung in Staaten des Südens, etwa im Senegal, die Förderung fossiler Energieträger zur Nutzung in Deutschland voran. Der Hebel zur Durchsetzung: das Staatsschuldensystem. Deutsche Unternehmen verdienen fleißig

---

Strafgerichtshof in Den Haag sieht in Israels Vorgehen in Gaza die Möglichkeit eines Verstoßes gegen die Genozid-Konvention.

an fossilen Geschäften. Sie profitieren von den Bedingungen, die mit dem Schuldensystem geschaffen werden: abgebaute Arbeitsrechte und Umweltauflagen, niedrige Steuern und Abhängigkeit vom Import deutscher Produkte.

Auch bezüglich der unfassbaren Wirtschaftskraft Deutschlands, gibt man sich hierzulande gerne selbstbewusst. Das Land der Ingenieur:innen, das sich aus eigener Kraft aus den Ruinen des Faschismus herausgearbeitet hat. Das wundersame Land, dessen Wachstumsquoten von der Stärke der Industrie angetrieben und durch die arbeitsamen Deutschen umgesetzt werden. Eine Wirtschaftsmacht, stehend auf eigenen Füßen, basierend auf gerechter und guter Arbeit. **Bullshit**. Die Realität ist eine andere, wie wir im vierten Kapitel zeigen. Sowohl das historische »Wirtschaftswunder« wie auch die heute besonders machtvolle Position der deutschen Wirtschaft sind Resultat von Enteignungen, Ausbeutung, Geopolitik, und: einer umfassenden Schuldenstreichung im Jahr 1953.

Wenn in Deutschland beschlossen würde, ernsthaft etwas für die Aufarbeitung und Wiedergutmachung der Schuld des Kolonialismus zu tun und ernsthaft gegen die Klimakrise vorzugehen, anstatt sich in selbstverliebten Bullshit-Diskursen zu suhlen, könnte das einen weitreichenden Effekt haben. Es wäre ein dringend notwendiger Schritt, um wegzukommen von Bullshit-Beschwörungen hin zu tatsächlichen, echten, materiellen Veränderungen in der globalen Ökonomie, die auf das Ziel der Verbesserung der Lebensumstände von Milliarden Menschen hinwirken. Welche Hindernisse es auf diesem Weg gibt und warum wir ihn trotzdem gehen, besprechen wir im abschließendem, fünften Kapitel.

Fortführung des Kolonialismus

Um den Ursprung des aktuellen internationalen Schuldensystems zu verstehen, müssen wir die Geschichte des europäischen Kolonialismus verstehen. Einigen mögen Teile der nachfolgenden Seiten bekannt vorkommen. Doch um wirtschaftliche und politische Kontinuitäten des Kolonialismus zu begreifen, braucht es Wissen über die globalen Dimensionen, Gewalt, Stoffströme, Verflechtungen und Akteure des Kolonialismus. Einen wichtigen, notwendigerweise bruchstückhaften, Teil dieses Wissen besprechen wir als Ausgangspunkt in diesem Kapitel.

Vor über 600 Jahren eroberten französische, portugiesische und spanische Siedler die Kanaren – eine Blaupause für europäischen Siedlerkolonialismus, transatlantischen Versklavungshandel und koloniale Ausbeutung. Am 12. Oktober 1492 landete Christoph Kolumbus mit seiner spanischen Flotte auf San Salvador in der Karibik und breitete dieses Ausbeutungsmodell aus. In den kommenden Jahren kolonisierten europäische Mächte den amerikanischen Kontinent. 1500 kam der Portugiese Pedro Álvares Cabral im heutigen Brasilien* an. Der spanische Eroberer Hernán Cortés ging im Jahr 1519 im mexikanischen Yucatán an Land und brachte innerhalb von drei Jahren das Aztekenreich zum Zusammenbruch. 1521 fiel Tenochtitlán – die Hauptstadt des Reiches. Frankreich gründete 1534 eine Kolonie

* Im Folgenden sind stets die heutigen nationalstaatlichen Grenzen der genannten Staaten gemeint.

im heutigen Kanada. Innerhalb von 100 Jahren wurde die indigene Bevölkerung der amerikanischen Kontinente von 60 Millionen auf 6 Millionen dezimiert. Ein Massenmord solch massiven Ausmaßes, dass er zu einem Abfall der globalen Temperaturen führte.[1]

Bereits 1415 hatten Portugiesen die nordafrikanische Stadt Ceuta erobert, 1419 die kanarische Insel Madeira, 1427 die Inselgruppe der Azoren und in den 1470ern die vor der Küste Zentralafrikas liegende Insel Sao Tomé, wo die ersten Zuckerrohrplantagen unter der Zwangsarbeit von versklavten Afrikaner:innen entstanden.[2] 1482 bauten die Portugiesen die erste europäische Festung an der westafrikanischen Küste – heute bekannt als Elmina Castle in Ghana. 1518 nahm die erste Zuckerrohrplantage im von Portugal kolonisierten Brasilien ihren Betrieb auf. Ab 1519 verschleppten europäische Schiffe erstmals versklavte Afrikaner:innen über den Atlantik in die Karibik – die Betreiber der Goldminen in der Dominikanischen Republik waren die ersten Hauptabnehmer.[3] Die Nachfrage nach Zucker, Tee, Kaffee und Schokolade – Statussymbole der oberen Klassen –, nach Baumwolle – wichtiger Rohstoff für die Textilindustrie – genauso wie Silber – Zahlungsmittel für den Handel mit China – boomte über die folgenden Jahrhunderte* in Europa.[4] Bald fanden sich Plantagen und Bergwerke auf dem ganzen amerikanischen Kontinent. Nachdem die indigene Bevölkerung durch Kriege, von Europäer:innen eingeschleppten Krankheiten, und Zwangsarbeit nahezu ausgelöscht war, dienten verschleppte und versklavte Afrikaner:innen als Arbeitskräfte. Die Menschen wurden meist im Landesinneren durch feindliche lokale Eliten gefangen genommen, an die Küste verschleppt und an die Europäer verkauft.[5] Insgesamt wurden bis zum Ende des transatlantischen Versklavungshandels in den 1860er Jahren** geschätzt zwölf

---

* Hierbei ist wichtig zu erwähnen, dass der Anstieg der Nachfrage nach den verschiedenen Produkten zeitlich versetzt verlief.

** Dänemark verbot den Versklavungshandel 1802, Großbritannien und die USA folgten 1807. Mitte der 1840er Jahre und 1851 gingen auch die brasilianische und kubanische Regierung gegen den Versklavungshandel vor. Die Anzahl an Menschen, die über den Atlantik verschleppt wur-

Millionen versklavte Afrikaner:innen über den Atlantik verschleppt, Schätzungen zufolge starben bis zu 50% davon auf den Schiffen und Plantagen.[6]

Die betroffenen Gesellschaften lehnten sich in verschiedenen Formen gegen die Unterdrückung auf. In so genannten Quilombos oder Maroon-Gesellschaften lebten Indigene und selbstbefreite Afrikaner:innen in alternativen und widerständigen Gesellschaften abseits der Plantagen und Bergwerke. 1733 rebellierte eine Gruppe versklavter Afrikaner:innen auf der Karibik-Insel St. John und regierte für mehrere Monate über die Insel. 1791 begannen versklavte Menschen in der französischen Kolonie Saint-Domingue einen Aufstand, der 1804 in der Gründung Haitis – der ersten Schwarzen* Republik – endete. 1810 bis 1821 fand der mexikanische Unabhängigkeitskrieg statt. Brasilien wurde 1822 unabhängig von Portugal. Im Jahr 1836 hatten fast alle lateinamerikanischen Kolonien die formelle Unabhängigkeit erlangt.

Europäische Mächte stritten sich derweil um Afrika. 1881 marschierte Frankreich in Tunesien ein und machte es zum französischen Protektorat. Großbritannien besetzte ein Jahr später Ägypten, Deutschland erklärte 1884 die Küsten Kameruns und Togos sowie Namibia zu sogenannten Schutzgebieten. Um Eroberungen abzusichern und insbesondere den Streit um die Kongomündung – ein wichtiger Transportweg zum Export von Kolonialwaren – zu schlichten, fand von 1884 bis 1885 auf Einladung des deutschen Reichskanzlers Otto von Bismarck in Berlin die Berliner Kongo-Konferenz statt, bei der die europäischen Mächte Afrika buchstäblich mit dem Lineal unter sich aufteilten.

den, sank darauf hin von den 1840ern bis zu den 1850er Jahren um ein Drittel. Dennoch verschleppten Schiffe unter portugiesischer und spanischer Flagge bis 1866 versklavte Menschen.

* Wir schreiben Schwarz groß, um deutlich zu machen, dass Schwarz eine Selbstbezeichnung von Schwarzen Menschen ist, die eine gemeinsame Rassismuserfahrung aufgrund ihrer Hautfarbe und/oder Herkunft verbindet.

Nach dem Zweiten Weltkrieg formierten sich in immer mehr Kolonien auf dem afrikanischen Kontinent anti-koloniale Bewegungen, die die Unabhängigkeit von den europäischen Kolonialmächten forderten. Unter der Führung von Kwame Nkrumah erlangte Ghana 1957 als erster Staat in Subsahara-Afrika die formelle Unabhängigkeit. Die ehemalige deutsche Kolonie Kamerun erlangte inmitten eines seit 1955 andauernden Bürgerkriegs im Jahr 1960 die Unabhängigkeit von der französischen Kolonialmacht, die britisch kolonisierten Teile folgten ein Jahr später. Im selben Jahr wurde auch die Demokratische Republik Kongo unabhängig von der belgischen Kolonialmacht. 1977 waren alle afrikanischen Staaten formell dekolonisiert.

Was hat dieser unvollständige, selektive, historische Abriss über die letzten 500 Jahre mit Schulden zu tun? Die Antwort lautet: Alles. Die oben beschriebenen Ereignisse waren Teil der Erschaffung einer globalen Wirtschaftsordnung, in der der Globale Süden als Lieferant von Ressourcen- und Arbeitskraft, als Absatzmarkt, und als Investitionsmöglichkeit für Kapital aus dem Globalen Norden dient. Kolonialismus ist zentral, wenn wir die Struktur und Funktionsweise der heutigen globalen Ökonomie verstehen wollen. Sowohl bei der Durchsetzung imperialer Politiken zur Zeit des Kolonialismus als auch bei der Sicherung von Zugriff auf Ressourcen und Arbeitskräfte, Absatzmärkte und Investitionsmöglichkeiten nach der Phase der formalen Dekolonisierung, sind Schulden eines der wichtigsten Machtmittel. Die Überschuldung des Globalen Südens ist gewollt und hat ihren Ursprung im Kolonialismus, wie wir insbesondere im zweiten Teil des Kapitels zeigen. Zunächst aber wenden wir uns einigen Bullshit-Diskursen über den Ursprung von Schulden, Entwicklungspolitik und die deutsche koloniale Vergangenheit zu, die dazu beitragen, die eingangs skizzierte historisch-materielle Dimension heutiger Ungleichheiten und Wirtschaftsstrukturen auszublenden.

Von falscher Großzügigkeit und Schuldzuweisungen

Welche Erzählung über die Schuldenkrise im Globalen Süden bekommen Tagesschau-Zuschauer:innen, *Zeit*-Leser:innen genauso wie Anhänger:innen der Springer-Presse serviert? Wer nicht genauer nach Zutaten fragt, endet vermutlich mit folgender Empfehlung des Hauses: Schuldenkrisen sind auf Missmanagement der lokalen Regierungen zurückzuführen. Sie sind im moralisch aufgeladenem Sinne des Wortes selbst-verschuldet, Ergebnis eigener Unzulänglichkeiten, Korruption und moralischen Mangels. Wer die globale Ungleichheit zwischen Globalem Norden und Süden in Betracht zieht, kommt vielleicht zu der Erkenntnis, dass in Staaten des Globalen Südens auch heute noch Infrastruktur aufgebaut, also auch finanziert, werden muss, die in den oberen Klassen im Globalen Norden selbstverständlich ist: verarbeitende Industrie, flächendeckende Energie- und Internetversorgung, funktionierende Gesundheits- und Bildungssysteme und so weiter. Wer dann jedoch nicht weitergeht, bleibt bei einer Geschichte, in der die Unterentwicklung des Globalen Südens »natürlich« ist.

In der Wissenschaft ist diese Erzählung als Modernisierungstheorie bekannt. Vertreter:innen dieser Theorie machen unzureichende Infrastrukturentwicklung, Korruption, und schlechte Regierungsführung für die Unterschiede in den Entwicklungsständen zwischen Globalem Norden und Globalem Süden verantwortlich. Am Stammtisch fallen dieselben Argumente gespickt mit anderem Vokabular ein bisschen derber aus: »die Menschen dort seien faul«, »Eliten korrupt«, die Wirtschaft schlicht »primitiver« und sowieso »trägt Europa keine Verantwortung«. Wir haben es eingangs erwähnt: Bullshit-Diskurse enthalten immer einen Funken Wahrheit. Es stimmt, dass lokale Regierungen einen Handlungsspielraum haben, innerhalb dessen können sie sich für oder gegen Sozialpolitik, für den Aufbau sinnvoller Industriezweige oder dagegen, für Ernährungssicherheit oder gegen sie einsetzen. Sowohl ganz konkret beim Management von Schuldenkrisen also auch generell bei Armutsbekämpfung, Wirtschafts- und

Sozialpolitik tragen lokale Regierungen mit Verantwortung. So finanzierte Kenias Präsident William Ruto in seiner Amtszeit eine Renovierung für seine Büroräume und wies den Ämtern seiner eigenen Ehefrau sowie jenen der Ehefrauen des Vizepräsidenten und Premierministers Millionen von Kenia-Schilling zu. Gleichzeitig strich Ruto in seiner bisherigen Amtszeit aufgrund von fehlenden Mitteln im Gesundheitssystem wichtige Leistungen zum Beispiel im Bereich der Krebsvorsorge.[7] Damit entschied er sich eindeutig nicht *für* eine emanzipatorische Politik, sondern *gegen* sie. Doch wir müssen die strukturellen Hintergründe im Blick behalten. 2022, als Rutos Amtszeit begann, betrug die gesamte Schuldenlast Kenias 62 Milliarden US-Dollar, was 67% des Bruttoinlandsprodukts (BIP) entspricht[8]. 2024 schuldete Kenia dem IWF 2,5 Milliarden US-Dollar und setzte auf dessen Druck hin Steuererhöhungen, Streichungen jeglicher Subventionen und Privatisierungen staatlicher Unternehmen durch.[9] Eine Verkürzung auf »die lokalen Regierungen sind schuld« ignoriert Zusammenhänge wie diese. Die davon abgeleiteten Lösungen sind fatal, da sie keine strukturellen Veränderungen bewirken.

Welche entwicklungspolitischen Lösungen genau folgen aus dieser Vereinfachung? Kurz gesagt: Finanzielle Hilfszahlungen, Wachstum und Wachstum. Der dadurch erlangte Wohlstand sickert dann durch den alt-bekannten aber noch nie funktionierenden »trickle-down effect« von den oberen Klassen durch Konsum und Investitionen auch zu den breiten Massen durch. Zusätzlich findet ein Transfer von Technologie, Kapital und Fachwissen vom Norden in den Süden statt – eine nachholende Entwicklung nach westlichem Vorbild. Konkret zielen Entwicklungsinstitutionen, allen voran die Weltbank, spätestens seit den 1980ern zur Erfüllung dieses Programms darauf ab, möglichst vorteilhafte Bedingungen für private Investitionen aus dem Globalen Norden zu schaffen und alle Barrieren für internationalen Handel abzubauen – freier Wettbewerb von seiner besten Seite.

Dass dieser Lösungsvorschlag nicht wirklich wirkt, zeigen die Fakten: Laut dem 2022 erschienen *Bericht zur Weltweiten Ungleichheit* ist die globale Ungleichheit ungefähr auf dem Stand von 1900 – auf dem Höhepunkt des westlichen Imperialismus*.[10] Die Zahl der von Hunger betroffenen Menschen betrug 2023 etwa 733 Millionen Menschen. Damit wurden bei der Bekämpfung von Hunger de facto seit 15 Jahren keine Fortschritte gemacht.[11] Genauso wie bei der Bekämpfung extremer Armut: Hier ist die absolute Anzahl der in extremer Armut lebende Menschen 2016 genauso hoch wie 1981.[12]

Trotzdem setzt auch Deutschland in seiner Entwicklungspolitik auf diese Strategie. Svenja Schulze, ehemalige Entwicklungsministerin und Vertreterin von Deutschland in der Weltbank, sagte 2023, sie unterstütze die selbst so bezeichnete Reform der Weltbank, nun »stärker private Investitionen zu mobilisieren«[13], um dem selbsterklärten Ziel der Bank, Armut abzuschaffen, näherzukommen. Auf der Website zur Entwicklungszusammenarbeit im Senegal schreibt das Bundesministeriums für Wirtschaftliche Zusammenarbeit und Entwicklung (BMZ), die 2019 vereinbarte Reformpartnerschaft »ziel[t]e darauf ab, das Umfeld für private Investitionen zu verbessern und damit mehr Beschäftigung zu schaffen.«[14] Beschäftigung und damit Zukunftsoptionen für Menschen schaffen, kann Armut und Ungleichheit entgegenwirken. Ob private Investitionen und das Schaffen von schlecht bezahlten Jobs, von denen Konzerne des Globalen Nordens profitieren, der richtige Weg dafür ist, ist jedoch mehr als fraglich. Zumindest haben sie in der Realität nicht funktioniert: Alleine, die oben genannten Zahlen zu steigender Ungleichheit und extremer Armut sprechen dagegen und auch im dritten Kapitel zeigen wir, dass private Investitionen oft mit Umweltzerstörung einhergehen.

Auf internationaler Ebene ist Deutschland bereit, »politisch mehr Verantwortung zu übernehmen«,[15] sagte Schulze in Bezug auf die 2017 von Frankreich, Deutschland und der EU ins Leben gerufene Sahel-Allianz – einer »Allianz der Helfer«[16], so die Selbstbeschreibung. 2023 übernahm Schulze die Präsidentschaft der Allianz und kündigte

* Unter Imperialismus verstehen wir das Streben von Staaten nach der Erweiterung des eigenen Einflussgebiets über die eigenen Staatsgrenzen hinaus durch territoriale Expansion, aber genauso durch das Schaffen von politischen, wirtschaftlichen und/oder kulturellen Abhängigkeiten.

großspurig die »Sahel-Plus-Initiative«[17] an, bei der auch die Küstenländer Senegal, Elfenbeinküste, Ghana, Togo und Benin in den Blick genommen werden sollen. Doch wer hilft hier wem und was bedeutet Verantwortung übernehmen? Bedeutet Verantwortung übernehmen einfach mit 1,8 Milliarden Euro über 160 sogenannte Entwicklungsprojekte zu finanzieren? Reicht das? Erreicht das was? Wenn gleichzeitig Gas-Deals vorbereitet werden, die die Lebensgrundlage von lokalen Fischer:innen bedrohen – wie wir in Kapitel 3 ausführlich besprechen –, massive Umweltzerstörung bedeuten und sowieso nicht für die lokale Bevölkerung, sondern den europäischen Export geplant sind?

Eine Allianz der Helfer klingt nach einem großzügigen Unterfangen, Verantwortung übernehmen nach einer sinnvollen Handlungsmaxime. Doch müssen wir uns die Frage stellen, wer eigentlich in wessen Schuld steht? In Anbetracht von Jahrhunderten kolonialer Ausbeutung, Genoziden und transatlantischem Versklavungshandel, von denen Deutschland profitiert hat, und von deren Kontinuitäten Deutschland heute noch profitiert, ist eigentlich sehr schnell klar: von Großzügigkeit kann hier nicht die Rede sein. Großzügig können wir nur zu jenen sein, in deren Schuld wir nicht stehen. Verantwortung im Sinne eines historischen Verantwortungsbewusstseins, das die materielle Ebene des Kolonialismus und die so produzierte Abhängigkeit in den Fokus setzt, finden wir nicht. Das BMZ behauptet auf der Seite zur Sahel-Allianz zwar, die Partnerschaft gehe »die tieferen Ursachen der Krise in der Sahelregion an«[18] , doch benannt werden diese nicht. Das ist typisch für den Entwicklungsdiskurs im Globalen Norden, in dem verschleiert wird, dass die Ursachen vieler heutiger Probleme auf den Kolonialismus zurückzuführen sind[19] – sei es durch bewaffnete Konflikte, die von kolonialen Grenzziehungen angeheizt werden, oder Armut, Ernährungsunsicherheit und Arbeitslosigkeit, die Teil von Deindustrialisierung, Rohstoffexportabhängigkeit und Landraub sind. Sie sind allesamt Bestandteile und Folgen kolonialer Herrschaft. Und das ist genau der strukturelle Hintergrund, der bei einseitiger Betonung des Handlungsspielraums lokaler Eliten verdrängt wird.

Wenn Deutschland Verantwortung übernimmt, dann aus geopolitischem Interesse. Da 21% der Menschen in Deutschland laut repräsentativen Umfragen weniger Ausgaben für Entwicklungszusammenarbeit fordern[20], muss Schulze nicht einmal verschweigen, um was es geht: Exportmärkte, Energiesicherheit und Verhinderung von Migration. Ganz so ungefiltert mag sie es zwar nicht sagen, aber folgendes Pressestatement der Ministerin zur Sahel Allianz kommt dem doch schon recht nahe:

> »Wir brauchen verlässliche Partnerschaften in der Welt, weil Deutschland jeden zweiten Euro aus dem Export verdient. Weil wir auf alternative Energiequellen angewiesen sind, um hier in Deutschland die Energiewende zu schaffen. Weil wir auf stabile Lieferketten angewiesen sind, damit wir zum Beispiel zuverlässig Antibiotika in unseren Apotheken kaufen können. Daher ist es auch wichtig, dass sich Krisen nicht weiter ausbreiten. Dass rund um Krisenregionen möglichst stabile Länder liegen, die verhindern, dass weitere Regionen destabilisiert werden und Menschen vor Hunger, Armut und Terror fliehen müssen.«[21]

Dass Europas Beziehungen zu Afrika von Anfang an von europäischen Interessen geprägt waren, machte bereits 1972 der aus Guyana stammende Intellektuelle und Politiker Walter Rodney deutlich. In seinem 1972 veröffentlichten Buch *How Europe underdeveloped Africa* macht Rodney deutlich, wie europäische Interessen für Afrikas Unterentwicklung verantwortlich sind. Die heutige Armut und Ungleichheit in Afrika sind vor allem Ergebnis von europäischem Kolonialismus und Imperialismus. Bringen Anhänger:innen der Modernisierungstheorie hervor, dass fehlende Infrastruktur für Afrikas Unterentwicklung verantwortlich ist, lässt sich mit Rodney antworten: Ja, aber Europa ist dafür verantwortlich, dass vielen afrikanischen Staaten die nachhaltige und bedürfnisorientierte Entwicklung von Infrastruktur verwehrt blieb. Beispielhaft können wir nochmal in den Senegal schauen: 1927 begannen dort Bäuer:innen Erdnussölmühlen zu gründen, um die produzierten Rohstoffe selbst industriell verarbeiten zu können. Dies war jedoch zum Missfallen der französischen Kolonialmacht. Nachdem französische Ölmühlenbetreiber:innen aus Angst vor dem Verlust von Aufträgen protestiert hatten, wurden die Ölmühlen im Senegal so starken Beschränkungen unterworfen, dass dieser Versuch der Industrialisierung im Keim erstickt wurde.

Die Infrastruktur, die unter der Kolonialherrschaft Europas finanziert und aufgebaut wurde, war jene, die europäische Kolonisatoren zum Export von Rohstoffen brauchten. Diese Infrastruktur orientierte sich nicht an afrikanischen Bedürfnissen, sondern an europäischen Profitinteressen. »Alle Straßen und Schienen führten zum Meer. Sie wurden gebaut, um Gold oder Mangan oder Kaffee oder Baumwolle außer Landes zu schaffen.«, so Rodney.[22]

Europa ist nicht vorstellbar ohne den Zucker aus der Karibik, ohne Baumwolle, Gold und Silber aus Amerika, ohne mit Gewalt erzwungene Absatzmärkte in Asien und Afrika, ohne die Arbeit versklavter Menschen – um nur ein paar der grundlegenden Rohstoffe und Voraussetzungen der europäischen Industrialisierung zu nennen. Wer steht also in wessen Schuld? Wer Rodney liest, beantwortet diese Frage eindeutig mit »Europa schuldet dem Globalen Süden« – und das ist konträr zum Bild finanzieller Staatsschulden. Das Bewusstsein für koloniale Schuld ist im Globalen Norden, trotz zahlreicher Bemühungen, oft nur schwach ausgeprägt. Auch Deutschlands koloniale Verflechtungen – und damit sind sowohl jene die die Deutsche Regierung als Staatsvertreterin also auch jene die deutsche Handelsfamilien, Eliten und Unternehmer:innen betreffen gemeint – werden aus dem öffentlichen Bewusstsein weitestgehend verdrängt, womit wir bei einem weiteren Bullshit-Diskurs sind: Deutschland sei globales Vorbild für die Aufarbeitung der eigenen Geschichte und einen verantwortungsvollen Umgang damit. Bezogen wird sich damit oft auf die Erinnerung an die Shoah. Doch KZ-Gedenkstätten, Gedenktage, Stolpersteine und Denkmäler genauso wie Bildungsangebote inklusive zahlreicher Thematisierungen des Nationalsozialismus in Kunst und Kultur sind kein Verdienst deutscher Regierungen oder einer deutschen Allgemeinheit. Sie sind das Produkt und der Erfolg jahrzehntelanger Arbeit von Betroffenen und ihren Unterstützer:innen. An vielen Stellen bleibt die angemessene Erinnerung an und eine Aufarbeitung des Nationalsozialismus immer noch unzureichend. Genauso ist es mit Deutschlands kolonialen Verflechtungen. Damit dies nicht allzu offensichtlich ist, wird ein Verdrängungs-Diskurs mobilisiert, dessen zentrale Stränge entlang der Argumente »Deutschland war nur kurz eine Kolonialmacht.«, »Deutschland hatte nur kleine Kolonien.«, »Deutschland ist nicht am transatlantischen Versklavungshandel beteiligt gewesen.« verlaufen. Die Schlussfolgerung: Aufarbeitung kolonialer Vergangenheit nicht notwendig. Auch das Null-Summen-Spiel Argument, die Erinnerung an koloniale Vergangenheit würde der angemessenen Erinnerung an Shoah und nationalsozialistische Vergangenheit schaden,[23] ist Bullshit. Kolonialverbrechen und Shoah, genauso wie Antisemitismus und Rassismus waren schon immer miteinander verflochten – sei es durch deutsche Konzentrationslager in Namibia oder rassistische Diskriminierung von jüdischen Menschen. Multiperspektivische und verflochtene Erinnerung daran trägt dazu bei, die Shoah nicht als Einzelereignis aus der Geschichte herauszulösen, sondern als Teil einer Kontinuität von Gewalt zu sehen, der seine eigenen Besonderheiten hat.[24] Nur so ist die Geschichte vollständig und befähigt ganz nebenbei auch besser neue Gefahren zu erkennen.[25]

Deutschlands koloniale Verflechtungen waren alles andere als unbedeutend und kurzweilig. Ein Teil des Bullshit-Diskurses beruht auf der Fehlannahme, Deutschland wäre vor der offiziellen Etablierung von deutschen Schutzgebieten im Jahr 1884 durch die deutsche Reichsregierung, kein relevanter Akteur der Kolonialgeschichte gewesen. Doch Kolonialgeschichte ist keine Nationalgeschichte. Deutsche Handelshäuser waren schon 200 Jahre zuvor, seit dem 17. Jahrhundert, an kolonialer Ausbeutung beteiligt. Das galt etwa für Handelshäuser in den Städten Hamburg-Altona[26] und Flensburg[27], die während ihrer Zugehörigkeit zum Dänischen Gesamtstaat von vorteilhaften Handelsbedingungen mit den dänischen Kolonien in der Karibik profitierten und ihren Reichtum Zucker von karibischen

Plantagen und versklavter Arbeit zu verdanken haben. Während diese Kaufleute vor allem von der Verarbeitung von und dem Handel mit Kolonialwaren sowie der Reederei profitierten, gab es auch deutsche Akteure, die direkt in den transatlantischen Versklavungshandel verwickelt waren. So die *Glückstädter Africanische Compagnie*, die nicht nur Schiffe der *Brandenburger Afrika Kompanie* für den Versklavungs- und Kolonialwarenhandel ausstattete, sondern auch selbst als Reederei und Investor im transatlantischen Versklavungshandel aktiv war.[28] Die *Brandenburger Afrika Kompanie* wurde 1682 von Kurfürst Friedrich Wilhelm von Brandenburg-Preußen gegründet, um an der Westküste Afrikas eine brandenburgische Kolonie zu etablieren. Die Festung Groß-Friedrichsburg ist heute noch an der Küste Ghanas zu besichtigen.

Und auch nach 1884 war Deutschlands Kolonialherrschaft keinesfalls unbedeutend. Es waren auch die Interessen deutscher Kaufmänner, wie die Carl Woermanns, die im Zuge des Wettlaufs um Afrika Angst um ihre Stützpunkte in Afrika hatten, die 1884 maßgeblich für die Etablierung deutscher Schutzgebiete waren.[29] Auch wenn Deutschland zu Beginn noch keine umfassende Kolonialverwaltung und Plantagenwirtschaft hatte, waren die Rohstoffe aus den deutschen Kolonien zentral für Deutschlands Wirtschaft: Sisal aus Ostafrika für die Schifffahrt, Baumwolle und Kakao aus Kamerun und Togo und Kupfer aus Südwestafrika für die deutsche Industrie.[30] Ab den 1890ern folgte eine Phase der territorialen Expansion. 1897 errichtete Deutschland zwei deutsche Marinestützpunkte an der chinesischen Küste, Kiautschou und Tsingtau. 1899 kolonisierte Deutschland Teile von Neuguinea, Samoa, sowie der Karolinen-, Marianen- und Marshall-Inseln. Aufstände wie der Widerstand der Ovaherero und Nama in Namibia[31] oder der Maji Maji in Tanzania[32], schlugen deutsche Kolonialisten mit massiver Gewalt nieder, die in beiden Fällen in einem Genozid gipfelte. Die deutsche Fremdherrschaft endete mit dem Ersten Weltkrieg – nicht aber die Befürwortung und Begeisterung für einen deutschen Kolonialismus. Das koloniale Projekt wurde beispielsweise mit der 1928 in Köln stattfindenden Kolonialen Sonderschau – unter der Oberbürgermeisterschaft des späteren ersten Bundeskanzlers Konrad Adenauer – am Leben gehalten.[33]

Für die Aufarbeitung des deutschen Kolonialismus gibt es Ansätze – hauptsächlich von postkolonialen Initiativen und afrodeutschen Gruppen erkämpft – auf die wir uns beziehen können. So finden beispielsweise Debatten um Denkmäler, Straßennamen, Restitutionsforderungen wie die Rückgabe der gestohlenen Benin-Bronzen, sowie die Anerkennung des Genozids in Namibia* statt.[34] Dennoch: wo trotzdem ein Großteil der kolonialen Infrastruktur, wie zum Beispiel Hamburgs Speicherstadt[35], ohne Bezug zum deutschen Kolonialismus romantisiert und als nostalgische Tourismus-Attraktion stilisiert werden kann, und wo Regierungen trotz des Widerstands von Betroffenen ein Wasserstoffprojekt für den Export nach Deutschland auf dem Land, auf dem einst in einem deutschen Konzentrationslager mehrere tausend Ovaherero und Nama interniert waren und starben, planen können,[36] wird Maßgebliches übersehen, wenn von einer gut aufgearbeiteten Vergangenheit gesprochen wird.

Wenn Deutschland es tatsächlich ernst meint mit seinem Anspruch, die Vergangenheit aufzuarbeiten und Verantwortung zu übernehmen, ist die Streichung der Staatsschulden des Globalen Südens eine geniale Möglichkeit. Warum? Schulden haben einen kolonialen Ursprung und sorgen für eine Fortführung von auf Kolonialismus beruhenden Machtverhältnissen – wie der nächste Abschnitt zeigt. Die finanziellen Schulden des Globalen Südens zu streichen ist eine Anerkennung von kolonialer Schuld und Übernahme von Verantwortung – und dies nicht nur in diskursiver Form von Entschuldigungen, sondern in tatsächlich materieller Form von Entschuldungen. Um diese Argumentation zu unterfüttern, widmen wir uns im zweiten Teil dem Ursprung des internationalen Schuldensystems

* Wohlgemerkt geht es hier ausschließlich um die Anerkennung eines »historischen Ereignisses«. Die deutsche Regierung versucht dabei konsequent einen materiellen Wiedergutmachungsanspruch abzulehnen Völkermord, ja – aber völkerrechtswidriges Verbrechen, für das zur Rechenschaft gezogen werden kann, nein.

– und damit auch dem Bullshit-Diskurs, Überschuldung wären auf Missmanagement des Globalen Südens zurückzuführen.

Schuldensystem revisited: Koloniale Machtabsicherung

Wie hängen Staatsschulden mit der beschriebenen kolonialen Vergangenheit europäischer Länder zusammen? Beim Gipfel der *Organisation für Afrikanische Einheit* in Addis Adaba im Juli 1987 ruft der erste Premierminister Burkina Fasos und Panafrikanist Thomas Sankara zu einer »united front against debt« – einer Einheitsfront gegen Schulden – auf: Die Wurzeln der Schulden liegen im Kolonialismus, jene die Afrika Geld leihen sind jene, die es kolonisierten. Schulden sind eine Form des Neokolonialismus, in der sich die alten kolonialen Mächte in vermeintliche »technische« Helfer:innen verwandelt haben, um den afrikanischen Staaten Wachstum und Entwicklung aufzuzwingen, entgegen der afrikanischen Interessen, zugunsten der europäischen und US-amerikanischen Interessen.[37]

Wie kommt Sankara dazu? Sankara macht zwei Punkte: Zum einen benennt er den Ursprung der Schulden als kolonial, zum anderen identifiziert er Schulden als ein Werkzeug, um koloniale Machtverhältnisse fortzuführen. Beginnen wir mit dem ersten Punkt: Die Schulden, die die Staaten des Globalen Südens bei multilateralen Institutionen wie IWF und Weltbank, anderen Staaten oder privaten Kreditoren haben, sind in einigen Fällen direkt durch die scheidenden Kolonialmächte aufgezwungen und in den allermeisten Fällen Folge von wirtschaftlicher Zerstörung durch die vorangegangen Kolonialherrschaft. Zwei eindrucksvolle Beispiele für direkt aufgezwungene Schulden sind das heutige Haiti und die Demokratische Republik Kongo. Nachdem Christoph Kolumbus 1492 in San Salvador gelandet war, eroberte er auch die Insel, die heute die beiden Staaten Haiti und Dominikanische Republik umfasst. 1697 erlangte Frankreich die Kolonialherrschaft über jenen Teil der Insel, der heute Haiti ist, und etablierte eine Plantagenwirtschaft, die Zucker, Baumwolle und Kaffee für den Export nach Frankreich brachte und in der die Arbeitskraft von schätzungsweise 800 000 versklavten Afrikaner:innen ausgebeutet wurde.[38] Nach der erfolgreichen Revolution und der Gründung der Republik Haiti 1804 weigerte Frankreich sich die Unabhängigkeit anzuerkennen und isolierte den Staat wirtschaftlich, was die junge Republik in eine äußerst schwierige Situation brachte. Als Frankreich dem haitianischen Präsidenten Jean-Pierre Boyer schließlich die Anerkennung der Unabhängigkeit im Gegenzug für die Zahlung von umgerechnet 21 Milliarden Franc anbot[39], blieb Boyer nicht viel anders übrig als – gegen den Willen der eigenen Bevölkerung – zuzustimmen. Frankreich argumentierte, diese Summe sei eine Entschädigung für den Verlust des Eigentums der französischen Plantagenbetreiber gewesen. Haiti zahlte also für Landraub und Versklavung durch französische Unternehmen – und zwar eine Summe, die von der von Anfang unmöglich zurückzahlbar war. Präsident Boyer war weiter dazu gezwungen, zusätzliche Kredite bei Frankreich, Großbritannien und auch Deutschland aufzunehmen, um die so entstandenen Schulden abzubezahlen, was das Land bereits kurz nach seiner Unabhängigkeit in eine Schuldenfalle stürzte. 122 Jahre, bis 1947, zahlte Haiti Entschädigung an Frankreich, die sich insgesamt durch Zinseszins-Anhäufungen auf schätzungsweise mehr als zweimal so viel wie den ursprünglichen Betrag beliefen.[40] 2002 bereitete der haitianische Präsident Jean Bertrand-Aristide rechtliche Schritte vor, um die »Unabhängigkeits-Schulden« von Frankreich zurückzufordern. 2004 wurde Bertrand-Aristides Regierung durch einen von den USA, Frankreich und Großbritannien unterstützten Coup gestürzt und die rechtlichen Prozesse wurden eingestellt.[41]

Die Demokratische Republik Kongo wurde bei ihrer Unabhängigkeit von einem ähnlichen Schicksal ereilt. Die belgische Regierung hatte während ihrer Kolonialherrschaft Schulden im Wert von 120 Millionen US-Dollar bei der Weltbank aufgenommen, um belgische Unternehmen dabei zu unterstützen, maximale Gewinne im Kolonialwarenhandel zu machen.[42] Als Belgien 1960 der Unabhängigkeit der Demokratischen Republik Kongo zustimmte, geschah dies unter der Annahme, die Regierung unter der Führung von Patrice Lumumba würde Belgiens Schulden bei der Weltbank übernehmen – obwohl 105,4 Millionen US-Dollar der insgesamt 120 Millionen in Belgien selbst ausgegeben wurden. Diesen Deal lehnte Lumumba jedoch ab. Nur ein halbes Jahr später, im Januar 1961, wurde Lumumba unter der Mitwirkung von Belgien ermordet. An seine Stelle trat, abermals mit Belgiens Unterstützung, das Regime des Diktators Mobutu Sese Seko, welches die Übernahme der Schulden anerkannte.

Auch jene Schulden, die nicht direkt durch Kolonialmächte aufgezwungen wurden, sind größtenteils ein Produkt des Kolonialismus. Legt man eine Karte der ehemals kolonisierten Staaten neben die der heute kritisch verschuldeten – dann ergibt sich eine substantielle Deckungsgleichheit. Das materielle Vermächtnis von Kolonialherrschaft sind geplünderte Länder ohne verarbeitende Industrien, abhängig von Rohstoffexporten und den Erlösen daraus. Die Erlöse sind für den Import von verarbeiteten Gütern genauso wie von Grundnahrungsmitteln notwendig – beides Importabhängigkeiten, die abermals ein koloniales Vermächtnis sind.[43] Diese untergeordnete Position im globalen Produktionssystem ist äußerst anfällig für externe Schocks und Krisen. In dieser Gemengelage ist es nicht verwunderlich, wenn das Aufnehmen von externen Krediten oftmals die einzige Möglichkeit ist, um den finanziellen Handlungsspielraum so weit zu erweitern, dass die Grundversorgung der Bevölkerung sichergestellt werden kann.

Während der formellen Kolonialherrschaft wurde auch die landwirtschaftliche Produktion auf Export ausgerichtet: Baumwolle, Kautschuk, Kaffee, Palmöl und Kakao in Monokulturen statt kleinbäuerliche Subsistenzlandwirtschaft. Grundnahrungsmitteln zu Versorgung der lokalen Bevölkerung mussten und müssen auch heute noch deshalb in postkolonialen Staaten oft importiert werden. So mussten beispielsweise die Staaten Subsahara-Afrikas im Jahr 2022 insgesamt 4,8 Milliarden US-Dollar mehr für den Import von Lebensmitteln ausgeben und die Gesamtmenge der importierten Lebensmittel war am Ende trotzdem geringer als im Jahr zuvor.[44] Gleichzeitig ist Subsahara-Afrika eine Region, in der die Verschuldungslage der meisten Staaten kritisch bis sehr kritisch ist, das heißt auch, in der der finanzielle Handlungsspielraum der Staaten eh schon eingeschränkt ist.[45] Der Grund für die explodierenden Kosten für Lebensmittelimporte waren der Krieg in der Ukraine, die Energiepreiskrise und die gezielt durch Preiserhöhungen gesteigerten Profite zahlreicher Konzerne. Aber auch die Abwertung der lokalen Währungen gegenüber den Leitwährungen, allen voran dem US-Dollar, in welchem Lebensmittelimporte oft bezahlt werden müssen,[46] trägt dazu bei. Diese Preissteigerungen wiederum sind maßgeblich mitverantwortlich für die steigenden Inflationsraten in den Staaten des Globalen Südens.[47] Diese führen dazu, dass eigentlich mehr finanzielle Ressourcen gebraucht werden, um die unteren Klassen der Bevölkerung bei steigenden Kosten für Energie und Lebensmittel zu unterstützen – ein Teufelskreislauf mit strukturellen, kolonialen Wurzeln. Ein weiteres Beispiel, das deutlich macht wie eingeschränkt der finanzielle Handlungsspielraum der Regierungen ist, sind die Gesundheitsausgaben. Der Senegal beispielsweise gab 2020 2% seines BIPs für den Gesundheitssektor aus.[48] Im gleichen Jahr wurden ebenfalls 2%[49] des BIPs alleine für Zinszahlungen an ausländische Kreditoren ausgegeben. Der Anteil der Zinszahlungen stieg in den darauffolgenden Jahren drastisch und verdoppelte sich bis 2021 auf 4% des BIP, 2022 waren es sogar 5%, und das trotz steigenden BIPs.[50] Zinsen für die Schulden wachsen also schneller als die eigene Wirtschaft. Schulden werden in allermeisten Fällen aufgenommen, um diesen Spielraum zu erweitern und Abhängigkeiten nachzukommen (wie beispielsweise bei Lebensmittelimporten und Zinszahlungen). Wo sich Graswurzelbewegungen für die Befreiung aus den Zwängen der Schulden formieren, sind Forderungen nach einem verantwortungsvollen Umgang mit dem Handlungsspielraum, den Regierungen haben, oft nicht fern. In Kenia waren die Proteste im vergangenen Jahr nicht nur gegen den IWF gerichtet, sondern gleichzeitig gegen die Regierung von Wiliam

Ruto – »IWF raus aus Kenia« und »Ruto muss gehen« waren zentrale Forderungen neben der Verhinderung der Finanzreform.[51]

In der Einleitung haben wir bereits beschrieben, wie sich die Staatsschuldenkrise der 1980er entwickelte. Das Timing dieser Geschehnisse ist kein Zufall: Das internationale Schuldensystem ist auch – und das ist Sankaras zweiter Punkt – ein Instrument, um in formell dekolonisierten Staaten Abhängigkeits- und Ausbeutungsbeziehungen fortzusetzen und die globale Vormachtstellung des Nordens abzusichern. Diese Abhängigkeitsbeziehungen war in der Phase der 1950er bis 1970er Jahre bedroht. Die vielfältigen antikolonialen Bewegungen des afrikanischen und asiatischen Kontinents trafen 1955 in Bandung, Indonesien aufeinander. Auf Einladung Sukarnos, des ersten Präsidenten des unabhängigen Indonesiens und eine zentrale Figur der Unabhängigkeitsbewegung, versammelten sich Vertreter*innen 29 ehemaliger Kolonialstaaten und legten den Grundstein für die Bewegung der Blockfreien Staaten. Im Kontext des Kalten Kriegs zwischen den USA und der Sowjetunion traten sie für einen dritten Weg jenseits des westlichen Entwicklungsmodells ein, den Weg der antikolonialen Befreiung der Völker des Südens. Zentraler Meilenstein auf diesem Weg: wirtschaftliche Unabhängigkeit von ehemaligen Kolonisatoren aufbauen. Ausgehend von Lateinamerika verfolgten viele der frisch dekolonisierten Staaten eine innenpolitische Strategie bezeichnet als »Developmentalism«, die auf Reduktion von Importabhängigkeiten durch den Aufbau lokaler Industrie, hohen Einfuhrzöllen für verarbeitete Produkte aus dem Norden und Verstaatlichung von Ressourcen basierte. Diese führte zu weitreichenden Erfolgen, sowohl in der Bekämpfung von Armut, dem Aufbau einer eigenen verarbeitenden Industrie als auch der Stärkung von Sozialsystemen. Die Ungleichheit zwischen Globalem Norden und Süden begann das erste Mal seit 1492 zu schrumpfen: Das Verhältnis des Pro-Kopf-Einkommens zwischen den USA und Zentral- und Südamerika sank zwischen 1960 und 1979 um 11%, zwischen den USA und dem Nahen Osten und Nordafrika sogar um 23%.[52] Die Staaten des Südens gründeten Produktionskartelle und erschufen so ein Machtmittel des Globalen Südens gegenüber dem Norden – die Organisation der Erdölexportierenden Staaten (OPEC) ist dafür das wohl bekannteste Beispiel.* In der von den G77 eingebrachten und 1974 in der UN-Generalversammlung verabschiedeten Resolution zur *New International Economic Order* (NIEO) forderten die Staaten des Globalen Südens weitreichende Maßnahmen für eine gerechtere Weltwirtschaft – unter anderem die Verstaatlichung von Rohstoffen, Schutzzölle, verstärkte Süd-Süd-Kooperation und die Streichung der Staatsschulden des Globalen Südens sowie eine Reform des internationalen Schuldensystems. All das bedrohte die Vormachtstellung des Global Nordens.

Die Gründung der G7** im Jahr 1975 ist als Antwort auf diese Vorstöße für Selbstbestimmung und Gerechtigkeit aus dem Globalen Süden zu verstehen. Offiziell fand das Auftakttreffen der G7 im französischen Rambouillet statt, um nach einer globalen Lösung für die 1973 eskalierende, sogenannte Ölkrise zu suchen. Diese hätte allerdings ebenso gut in der UN-Generalversammlung gefunden werden können. Jedoch war dies – insbesondere nach der Verabschiedung der NIEO – nicht im Interesse der Staaten des Globalen Nordens. Das Ziel war die Etablierung eines abgeschotteten Elitenformats, das an der UN-Generalversammlung vorbei Entscheidungen treffen kann. Der Globale Norden drohte seine im Kolonialismus durch Ausbeutung und Gewalt erlangte Machtposition zu verlieren und startete eine Gegenoffensive – mit dem internationalen Schuldensystem als wichtiger Waffe.[53]

Die permanente Krise ist kein Fehler in diesem System, sondern

---

* Während die OPEC zu Beginn durchaus in die Bewegungen und politischen Ambitionen des Südens bzw. der linken Kräfte des Südens involviert war, hat sich die Agenda der Organisation schrittweise von diesen entfernt und vertritt heute eigentlich nur noch die Profitinteressen fossiler (Staats-)Konzerne.

** Gegründet wurden die heutigen G7 als »Gruppe der 6« bestehend aus USA, Frankreich, Deutschland, England, Japan und Italien. Kanada kam ein Jahr später hinzu.

zentrale Funktion. Sie ermöglicht die fortwährende Vergabe von Krediten und damit Machtausübung durch vom IWF verordnete Strukturanpassungsprogramme* und Weltbank-Programme, einen kontinuierlichen Strom von finanziellen Gewinnen in Form von Zinsen vom Süden in den Norden sowie den Zugriff auf Rohstoffe im Süden. Letzteres hängt damit zusammen, dass ein Großteil der Staatsschulden im Globalen Süden in Fremdwährungen, vor allem US-Dollar, aber auch in Euro oder Renminbi zurückgezahlt werden muss.[54] Um an Fremdwährungen zur Bedienung von Krediten zu gelangen, müssen Staaten des Globalen Südens also Handel mit jenen treiben, die diese Währungen verwalten oder ihrerseits über Handel Zugriff auf diese haben. Das kreiert einen kontinuierlichen Strom von Rohstoffexporten vom Süden in den Norden und nach China,** genauso wie eine immer weitere Spezialisierung auf und eine Abhängigkeit von Rohstoffexporten im Globalen Süden, um Schulden abbezahlen zu können.

Die Machtausübung durch IWF und Weltbank sieht folgendermaßen aus: Beide haben Entscheidungsstrukturen, die vom Globalen Norden dominiert werden – in beiden Institutionen haben die G7 Staaten mehr als 40% der Stimmmacht – damit funktionieren die Institutionen zur Durchsetzung westlicher Interessen und diktieren eine Wirtschaftspolitik im Sinne des Nordens. In der Schuldenkrise der 1980er Jahre sprang der IWF als Kreditgeber letzter Instanz ein und vergab Notfallkredite an hochverschuldete Staaten, um diese vor der Zahlungsunfähigkeit zu bewahren. Diese Notfallkredite waren

* Auch wenn der offizielle Name der Reformprogramme sich 2000 zu Poverty-Reduction-Paper änderte, ist der Inhalt weiterhin der gleiche: Neoliberalisierung vom Feinsten. Wir kommen im Folgenden darauf zu sprechen.

** Damit entsteht auf dem Rohstoffmarkt ein verstärkter Wettbewerb unter den südlichen Staaten, was den Preis senkt. Dies führte Anfang der 1980er Jahre zu einem globalen Rohstoffpreiseinbruch, der auch maßgeblicher Auslöser der in der Einleitung beschriebenen Schuldenkrise in den 1980er Jahren war.

und sind auch heute noch an sogenannte Strukturanpassungsprogramme gebunden, die die Regierungen der verschuldeten Staaten zu Reformen zwingen. Diese Reformen bestehen zum einen aus der radikalen Kürzung von Regierungsausgaben, worunter Gesundheitssysteme, Bildungssysteme und soziale Sicherungssysteme am meisten leiden. Weiterer Bestandteil sind umfassende Privatisierungen staatlicher Unternehmen und Rohstoffvorkommen, die privaten Investor:innen aus dem Norden Gewinnmöglichkeiten verschaffen während lokale Bedürfnisse außen vor bleiben. Letztlich sind auch umfassende Liberalisierungen der Handelsbedingungen, wie das Verbot von Schutzzöllen, Teil der Programme, wodurch die heimische Produktion mit billigen Importen aus dem Globalen Norden konkurrieren muss. Die Folge sind Absatzmärkte für Produkte aus dem Norden und die Zerstörung von Industrie im Süden.

Die Rolle von IWF und Weltbank muss auch im Kontext des Kalten Krieges gesehen werden. Ab den 1970er Jahren befand sich der Norden in einer Phase der Stagnation: Das Wirtschaftswachstum und die Profitraten waren gering, die Inflation hoch. Diese Krise bedrohte das kapitalistische Wirtschaftsmodell des Nordens in einer Situation, in welcher es mit dem Kommunismus eine reale Alternative zu geben schien. IWF und Weltbank sind auch eine Antwort auf ein vom Kommunismus »bedrohtes« Europa. Sie sollen im Moment einer Krise dazu beitragen, das Überleben des kapitalistischen Systems zu sichern. Das funktioniert, indem IWF und Weltbank Investitionsmöglichkeiten und Absatzmärkte sowie Zugang zu billigen Ressourcen und Arbeitskräften für Unternehmen aus dem Norden schaffen.[55] Die Weltbank unterstützte beispielsweise konkret Verbündete des West-Blocks mit Krediten zu guten Bedingungen – beispielsweise Mobutu Seke Seko in der heutigen Demokratischen Republik Kongo und Suharto in Indonesien, der nach einem Putsch gegen den oben erwähnten Sukarno an die Macht kam.[56] Gleichzeitig vergab sie Kredite mit Konditionen an Staaten, die nicht dem westlichen, kapitalistischen Wirtschaftsmodell folgten, und diktierte so wirtschaftspolitische Maßnahmen, was es den Staaten erschwerte unabhängige

Wirtschaftspolitik zu machen und sie auf den Pfad eines kapitalistischen Wirtschaftssystems zwang. So privatisierte die Weltbank im Zeitraum von 1984 bis 2012 zwei Trillionen US-Dollar an Vermögen im Globalen Süden.[57] Auch heute sorgt die Weltbank für private Gewinne und eine Verbreitung des kapitalistischen Wirtschaftssystems, indem sie beispielsweise sogenannte Landregularisierungsprogramme erzwingt. Insbesondere in Regionen, in denen indigene Gemeinschaften leben, erzwingt die Weltbank ein Programm zur Vergabe von Landtiteln. Land, das vorher ohne formellen Eigentumstitel oft gemeinsam gepflegt wurde, wird ohne ausreichend partizipativen Prozess zu Privateigentum und damit verkäuflich.[58] Das schafft leichte Beute für private Investor:innen und verbreitet eine westliche Idee von Eigentum. Das Schuldensystem ermöglicht es dem Globalen Norden, Wirtschaftskrisen, in denen der nationale Markt gesättigt und keine Aussicht auf die Reduktion von Produktionskosten scheint, abzufangen und so die Ökonomien des Nordens zu stabilisieren.[59] Eine umfassende Schuldenstreichung würde die Staaten des Südens aus dieser permanenten Krise befreien und einen ersten Schritt zur Begleichung der kolonialen Schuld des Globalen Nordens schaffen. Weil es koloniale Kontinuitäten unterbricht, würde dieser Schritt auch die Möglichkeit zu einer umfassenden Neuordnung des globalen Wirtschaftssystems eröffnen, in dem Menschen im Globalen Süden genauso wie die unteren Klassen im Globalen Norden die Möglichkeit auf ein gutes Leben haben.

Treiber der Klimakatastrophe

Olaf Scholz schaut ein wenig bedröppelt ins Nichts, während neben ihm der damalige senegalesische Präsident Macky Sall am Pult steht und von der Kulturtheorie des ersten Präsidenten Senegals Léopold Sédar Senghor erzählt, die ihn mit Deutschland und dem deutschen Ethnologen Leo Frobenius verband. Es ist der 22. Mai 2022 und damit 87 Tage nachdem russische Fallschirmjäger auf dem Flughafen Kiew-Hostomel landeten. Und es ist dieser russische Überfall, der Scholz einige Monate nach seinem Amtsantritt in den Senegal führt – weniger sein Interesse an Kulturtheorie und der Geschichte der deutsch-senegalesischen Beziehungen. Die Folgen dieses Krieges abzumildern, noch dazu inmitten von Covid-19 Pandemie und Klimakrise, das sei jetzt seine Aufgabe. Es folgt viel Gerede über erneuerbare Energien, Nahrungsmittelexporte und dergleichen mehr.

Fast bis zum Ende der Pressekonferenz wird es dauern, bis die Frage eines Teilnehmenden nach der geplanten Gasförderung des Senegals zum Kern der Sache führte – Salls Augen beginnen erstmals zu funkeln: »Ich tanze gerade vor Freude, weil das ein Thema ist, das uns wirklich sehr am Herzen liegt«[1]. Zu so viel Begeisterung lässt sich Scholz naturgemäß nicht hinreißen. Er sieht sich stattdessen etwas peinlich berührt genötigt, da »sehr klar« zu sein und gar seine kurz zuvor ausgerufene »Zeitenwende« ins Gedächtnis zu rufen: Natürlich gehe es hier nicht nur um erneuerbare Energien. Das, was die Gemüter hier so erregt und worum es offenbar einzig wirklich geht: die 2015 entdeckten Erdgasvorkommen Senegals, die (bis heute) kurz davor stehen, vom britischen Unternehmen *British Petroleum* (BP) und dem US-amerikanischen Unternehmen *Kosmos* aus den Tiefen unter dem Meeresgrund gepumpt zu werden.

Neue fossile Projekte, noch dazu in einem »Entwicklungsland«? Das passt so gar nicht in den Bullshit-Diskurs, den die deutsche Regierung von ihrer Klima-Außenpolitik erzählt. Diese Erzählung, die maßgeblich von Bündnis 90/Die Grünen geprägt wurde[2] und so langsam zur dominanten Erzählung geworden ist, besteht aus zwei Teilen: Man sei, erstens, Vorbild, durch den eigenen Ausbau erneuerbarer Energien, die Elektrifizierungen im Verkehr und die ganzen Etceteras. Zweitens sei man ein starker Partner, der weltweit Emissionen reduziert, indem er seine ausgefeilte Ingenieurskünste im Bereich der Erneuerbaren in alle Welt exportiert. In anderen Worten: Eine globale Energiewende würde also der deutschen Wirtschaft zugutekommen, indem Technologie exportiert wird. Und das ist ausnahmsweise kein Bullshit, sondern eines der eigentlichen Motive hinter Entwicklungspartnerschaften – ein Wachstumsprogramm für die deutsche Exportwirtschaft.[3]

Wo dieses Programm erkennbar nicht aufgeht, da bedient sich die Neue Rechte einer ihrer Lieblingserzählungen, die die Hegemonie der Grünen Erzählung zerstört hat: »Deutschland schafft sich ab«. Während »alle« fröhlich Kohle-, Gas-, Atom- und man weiß nicht was für schmutzige Klimasünden-Kraftwerke bauen, legten wir uns selbst moralische Oberlehrer-Fesseln an und würden gnadenlos in der globalen Konkurrenz zerlegt.[4]

Zu keiner dieser beiden Geschichten passen die Ereignisse des 22. Mai 2022 in Dakar. Weder ist Deutschland globales »Vorbild«, noch legt die Bundesregierung deutschen Unternehmen Fesseln an beim Mitverdienen an fossilen Geschäften: Die deutsche Regierung ist seit Jahrzehnten der deutschen Chemieindustrie verpflichtet, die einen gigantischen Erdgasverbrauch hat.[5] Folgerichtig wurde diese Prioritätensetzung einen Monat später auf dem G7-Gipfel unter Vorsitz Deutschlands höchstoffiziell noch einmal bestätigt: Die Ausbeutung fossiler Rohstoffe im Ausland soll den G7-Ländern entgegen bisher anders lautender Beteuerungen im Zuge der Zeitenwende doch wieder erlaubt sein.[6]

Aber was haben denn nun Schulden, um die es in diesem Buch doch gehen soll, mit der deutschen Klima- und Außenpolitik zu tun? Die kurze Antwort: Das Schuldensystem von IWF und Weltbank wird dazu eingesetzt, westlichen Unternehmen Zugang zu Rohstoffen im Globalen Süden zu sichern – und die sind meist fossil. Allein seit Abschluss des Pariser Klimaabkommens im Jahr 2015 hat der IWF in 105 Staaten die Ausweitung fossiler Infrastruktur unterstützt oder gefordert.[7] Die systematischen ökologischen Auswirkungen im großen Maßstab hat der Soziologe Matthew Soener in einer 2024 erschienenen Studie empirisch belegt. In Staaten, die an Kreditprogrammen des IWF teilgenommen haben, erhöhen sich durch die Orientierung am Export von Rohstoffen die Treibhausgasemissionen – und dieser Effekt verschärft sich noch einmal bei Staaten, die mehrmals IWF-Kredite bekamen. Es handelt sich also nicht um Einzelfälle, sondern um systematische Klimazerstörung.[8]

Wir rekonstruieren zunächst den Fall der Erdgasvorkommen vor der Küste Senegals, um diese Zerstörung sichtbar zu machen: Wie kommt es dazu, dass die Vorkommen von *British Petroleum (BP)* und dem US-amerikanischen Unternehmen *Kosmos* ausgebeutet werden? Nach diesem Fokus weiten wir den Blick. Die Geschichte des Schuldensystems entpuppt sich dabei nicht nur wie im vorherigen Kapitel beschrieben als eine Geschichte von Kolonialismus und gewollter Armut, sondern auch als eine von Klima- und Umweltzerstörung, die gegen lokalen Protest unerbittlich durchgedrückt wird. Wir schließen das Kapitel mit der Frage, wieso die Forderung nach einer Schuldenstreichung eine wirksame Klima-Maßnahme ist und damit die richtige Antwort auf die Bullshit-Diskurse zum Klima.

Goldgräberstimmung und Klimaverbrechen im Senegal

Senegal ist ein gutes Beispiel für den Prozess, den wir im zweiten Kapitel beschrieben haben: Auf eine vielversprechende Entwicklungsphase nach der Unabhängigkeit von der Kolonialmacht Frankreich folgte auch im Senegal eine schwierige Lage Ende der 1970er Jahre – insbesondere, da der stark landwirtschaftlich geprägte Senegal nicht nur von den externen Schocks rund um die Ölkrise und fallenden Preise für seine Agrar-Exporte getroffen wurde, sondern auch von einer Reihe an Dürren, die die wirtschaftliche Lage weiter verschärften.

Senegal wurde das erste Land in Afrika, das sich genötigt sah, auf die vergiftete Hilfe des IWF zurückzugreifen: 1979 wurde der erste mit Strukturanpassungsprogrammen verknüpfte Kredit aufgenommen.[9] Die damit verbundenen Maßnahmen haben wir im zweiten Kapitel besprochen und sie wurden auch im Senegal durchgesetzt: Staatliche Ausgaben wurden radikal eingekürzt, westliche Investitionen erleichtert und staatliche Konzerne, die insbesondere in der Landwirtschaft eine wichtige Rolle spielten, zunehmend privatisiert.

Die Folgen waren auch hier verheerend: Machte der öffentliche Schuldendienst 1977 noch 6,6% der Exporteinnahmen der Regierung[10] aus, waren es 1987 schon 24%. In derselben Zeit stieg die Schuldenlast von 21,4% des BIP auf 66,2% – im Jahr 2022 lag dieser Wert bei 116,3%. Dieser enorme Anstieg drückt vor allem einen rasanten Anstieg der Schuldenlast aus, denn zwischen 1977 und 1987 stieg das BIP um 27% – wenngleich es pro Kopf gerechnet etwa gleich blieb, es kann also auch nicht von einer nachhaltigen Stärkung der Wirtschaftskraft gesprochen werden.[11] Das sind keine abstrakten Zahlenspiele, dahinter steht reales menschliches Leid: Zwischen 1992 und 2000 wurden durch den IWF im Senegal über eine halbe Million Menschen mehr in den Hunger getrieben – im Jahr 2000 waren 25% der Bevölkerung von Unterernährung betroffen. Im selben Jahr lebten etwa 80% der Bevölkerung von weniger als dem Äquivalent von 2 US-Dollar pro Tag.[12] In Folge der Privatisierungen und der Zerschlagung der heimischen Produktion durch das Senken von Zöllen und andere Liberalisierungen wurde ein Drittel der Industrie-Arbeiter:innen in die Arbeitslosigkeit gestürzt.[13] Und auch die für den Senegal so wichtige Landwirtschaft wurde empfindlich getroffen: Wuchs die Produktion von Nahrungsmitteln pro Kopf zwischen 1980 und 1990 noch um 1%, so war diese Entwicklung zwischen den Jahren 1990 und 2000 rückläufig.[14]

Die moderaten Erfolge im Zuge des Erlassjahres 2000 führten zur Aufnahme Senegals in die »Heavily Indebted Poor Countries (HIPC)« Initiative der Weltbank und des IWF im Jahr 2000. Die ökonomische und politische Situation besserte sich in den 2000er Jahren in Folge der HIPC leicht, wobei der Schuldenschnitt (ohnehin nur etwa 17% der Gesamtschulden) an altbekannte Bedingungen der Strukturanpassung gebunden war. Während der IWF und die Weltbank erklärten, Armut und Unterentwicklung zu bekämpfen, zerstörten sie Infrastruktur und Produktionskapazitäten, trieben Menschen in Armut und die Regierungen immer tiefer in die Schulden – um dann die ausweglose Lage als Hebel zur Verschärfung ihrer Maßnahmen zu benutzen. War die Schuldenlast im Senegal zwischenzeitlich 2005 auf etwa 35% des BIP und der Schuldendienst auf 7,9% der Regierungseinnahmen gesunken, stand sie 2015 schon wieder bei 59% und 23,3%. John Odah, der Generalsekretär der Organisation der Gewerkschaften Westafrikas (OTUWA), fasst die Folgen der Strukturanpassung für Westafrika unmissverständlich zusammen:

> »Forschung zur Entwicklungsleistung von sechs ausgewählten westafrikanischen Ländern – die Elfenbeinküste, Ghana, Nigeria, Senegal, Sierra Leone und Togo – während der Zeit der Strukturanpassung zeigt, dass sie alle in einen schweren wirtschaftlichen Niedergang gerieten, in politisches Chaos und soziale Unruhen«.[15]

In diesem Kontext wurde 2015 vom US-amerikanischen Unternehmen *Kosmos* vor der Küste Mauretaniens erstmals ein größeres Öl- und vor allem Gasvorkommen entdeckt – das »Tortue Field«. Wenig später, 2016, dann ein zweites, das sich weit vor die Küste Senegals erstreckt und gemeinsam mit ersterem das »Greater Tortue Ahmeyim« (GTA) Feld bildet. Das war auch das Produkt geduldiger Arbeit der *International Development Association* (IDA), einem Ableger der Weltbank. Bereits 1983 gaben sie einen Kredit[16] aus, mit dem der Senegal fossile Vorkommen finden sollte – und die Beteiligung durch westliche Konzerne mit vorteilhaften Steuerpolitiken und vereinfachter Lizenzausgabe zur Exploration fossiler Vorkommen erleichtern.

Erst 2015 führte das zu diesem nennenswerten Erfolg. Der zweite Erdgas-Fund von *Kosmos* 2016 weckte endgültig die Goldgräberstimmung der fossilen Industrie: Der britische Teil des westlichen Fossil-Kartells, *BP,* stieg in das *Kosmos*-Projekt ein.[17] Dafür schreckte *BP* auch vor Korruption nicht zurück: Wie der *BBC* 2019 aufdeckte, waren die Lizenzen zu den Gasfeldern zuvor durch ein Bestechungsgeld an den Bruder des senegalesischen Präsidenten, an Aliou Sall, in die Hände des Investors Frank Timis gelangt – *BP* wiederum versprach dem bis zu zwölf Milliarden US-Dollar des späteren Gewinns.[18] Teile der senegalesischen Zivilgesellschaft wollten sich das nicht gefallen lassen und mobilisierten für volle Transparenz und ernsthafte Beteiligung der Zivilgesellschaft bei diesem und allen weiteren Gasdeals, Konsequenzen für die involvierten Personen und eine Neuverhandlung der Deals mit *BP.*[19]

Währenddessen stieg bei senegalesischen Unternehmer:innen und Politiker:innen die Hoffnung angesichts der Gasfunde: Ist so ein Fund nicht *die* Chance, um aus der Schuldenspirale und der Armut herauszukommen (und sich im Zuge dessen natürlich selbst für diesen Dienst am Land mehr als angemessen entlohnen zu lassen)? So stellen es auch IWF und Weltbank dar: Die Öl- und Gasfunde spielen eine zentrale Rolle in den Berichten zum Senegal. Auch nach bald 50 Jahren der angerichteten Zerstörung, unzähligen Protesten und einsichtig klingenden Maßnahmen sowie Änderungen von Seiten des IWF hat sich effektiv nichts geändert. Der IWF setzt im Senegal wie andernorts auf drei Säulen der Entwicklung: 1.) »Wachstum geführt durch den privaten Sektor« – also Liberalisierung, Privatisierungen, Steuerentlastungen für Unternehmen. Wie die wiederholt durch diese Ansätze produzierten sozialen und ökonomischen Katastrophen gezeigt haben, sind diese grober Unfug. 2.) »Besonnene Haushaltspolitik und solides Schuldenmanagement« – also gnadenlose Kürzungen lebenswichtiger Regierungsaufgaben, um jeden Dollar in den Schuldendienst stecken zu können. 3.) »Nachhaltige und transparente Verwaltung der Öl- und Gaseinnahmen« – was real zumeist die Zerstörung wichtiger maritimer Biotope, um Öl und Gas billig in den Westen zu exportieren, meint. Die Auswirkungen einer solchen »Wachstumschance«[20] besprechen wir in diesem Kapitel.

Nun hat sich seit den 1970er Jahren, in denen genau das bereits die drei Säulen der IWF-Politik waren, aber einiges geändert: Die Alter-Globalisierungsbewegung um 2000 herum hat Aufmerksamkeit für die desaströsen Auswirkungen erkämpft und die Bekämpfung der Klimakatastrophe hatte zumindest im Zeitraum von 2015 bis 2020 eine starke diskursive Position. Strukturanpassung und fossile Investments will man nichtsdestotrotz nicht aufgeben, also müssen sie anders verpackt werden. Dazu kam noch ein weiteres Problem für die PR-Abteilung des IWF: die seit den 80er Jahren wachsende wissenschaftliche Debatte um den »Ressourcenfluch«[21] – dieser These nach ist es nicht nur so, dass der Export natürlicher Ressourcen nicht bei Armutsbekämpfung hilft, sondern sogar schadet: Korruption, Kriege, schwaches Wirtschaftswachstum und weitere Verschuldung ziehen ein, sobald Rohstoffe entdeckt werden. Das typische Gegenbeispiel, das auch von den fossilen Optimisten im Senegal bemüht wird[22], ist Norwegen. Norwegen war aber auch nie Strukturanpassungsprogrammen und ausländischen Beteiligungen an ihren Gasfeldern von bis zu 100% ausgesetzt.

Was also haben die PR-Abteilungen sich einfallen lassen? Sie beteuern, dass man keine Strukturanpassungen mehr auferlege, weil solche Bedingungen für Kredite eine Reihe anderer Namen bekommen haben, und man felsenfest hinter dem Pariser Klimaabkommen stehe, wo in den »Just Energy Transition Partnerships«, die der Senegal zum Beispiel mit der EU, Frankreich, Kanada und Deutschland hat, Gas als förderfähige »Übergangstechnologie« festgeschrieben ist. Man setze jetzt auf »Erwartungsmanagement« für die festgestellten »Wachstumschancen«.

Diese neue Erzählung vom »Erwartungsmanagement« sehen wir in der ersten, direkten Intervention im Senegal. Kurz nach dem Einstieg *BPs* in das GTA-Gasprojekt wurde sie vorbereitet und führte im Juli 2017 zu einem Kredit. Dort hatte die IDA der Weltbank im Rahmen ihres »Development Finance Programs«[23] einen Kredit ausgegeben, damit die fossilen Funde möglichst schnell auch zu fossiler Förderung werden. Im dazugehörigen Papier[24] stehen vor allem zwei Dinge: 1. Die Phase vom Fund bis zur finalen Investitionsentscheidung ist kritisch, diese Chance darf man nicht verstreichen lassen – man muss nun möglichst schnell mit *BP* und *Kosmos* zu einer Einigung kommen. 2. Dabei ist es wichtig, dass man seine Erwartungen auf den Nutzen für das ganze Land möglichst realistisch hält und das der Bevölkerung auch angemessen erklärt. Im Klartext: Man müsse möglichst schnell eine für *BP* vorteilhafte Vereinbarung treffen. Damit die Bevölkerung mitspielt, enthält der Kredit gleich noch ein paar Mittel für die entsprechende PR-Kampagne.[25]

Und die Geschichte klingt ja auch nicht ganz an den Haaren herbeigezogen: Wir haben jetzt neben unseren Minen für Gold und andere Metalle auch Öl und Gas, das schon andere so reich gemacht hat! Wir machen's wie Norwegen, alle profitieren: Neue Arbeitsplätze, neue Gaskraftwerke, um endlich die weiten Areale im Inland ohne vernünftige Elektrizitätsversorgung zu modernisieren! Nur müssen wir vorsichtig sein, wir dürfen die Dinge nicht überstürzen – erst einmal muss eine Zeit lang Gas gefördert werden!

Zu dieser Geschichte stellen sich zwei Fragen. Die erste Frage ist: Wer ist dieses »Wir«? Im besten Fall meint das eine kleine Gruppe an Unternehmen und Politiker:innen, die profitieren – nicht Norwegen, sondern die Vereinigten Arabischen Emirate dienen hier als Inspiration. Die zweite Frage ist: Zu welchem Preis? Die Auswirkungen der Offshore-Anlagen auf den für Senegal extrem wichtigen Fischfang sind schon jetzt enorm.[26] Die unmittelbaren ökologischen Schäden am maritimen Leben sind immens. Und die mittelbaren Schäden sind unvorstellbar: Nicht lange bevor wir diese Zeilen schreiben, im Oktober 2024, wurden Teile des Senegals (und Spaniens, Kolumbiens, des Iraks, Siziliens, Zyperns, ...) von heftigen Flutkatastrophen verwüstet – Menschen starben, Ernten wurden zerstört, Vieh verendete.[27] Gas als der fossile Brennstoff mit der tödlichsten Treibhauswirkung von allen[28] hat daran seinen blutigen Anteil.

Im Angesicht dieses Chaos, der Probleme, Geschichten, Lügen, angeblichen Sachzwänge und Hoffnungen sind die Menschen im Senegal gespalten. Es gibt einige, die die Geschichte vom kommenden Rohstoff-Wunder glauben. Sie unterstützen das Vorhaben, treffen Vorkehrungen für die eigene Beteiligung am Profit, stellen Kredit-Anträge bei der IDA und erzählen die schöne Geschichte in den Medien weiter. Viele der Fischer:innen erkennen einen Angriff auf ihre Lebensgrundlage und verteidigen sich.[29] Anderen Menschen ist der Politik-Betrieb im Großen und Ganzen egal, sie hätten aber gerne eine stabile Stromversorgung. Wieder andere setzen ihre Hoffnungen in den neuen, nach eigenen Angaben panafrikanistischen Präsidenten Bassirou Diomaye Faye, der jüngst ankündigte, die Verträge mit *BP* noch einmal zu prüfen.[30] Und einige Menschen wissen um das grauenhafte Ausmaß der ökologischen Zerstörung – und organisieren sich selbst politisch.

Damit zurück zum Anfang: Wir sind wieder bei der Pressekonferenz vom 22. Mai 2022. Ökologische Bedenken gegen die Gasprojekte wurden auch schon vorher in der senegalesischen Zivilgesellschaft geäußert, aber es war der Nachgang dieser Pressekonferenz, der die Dinge so richtig ins Rollen brachte. Die Klimabewegung befand sich noch im Corona Schock, was einen noch größeren Fokus auf das lenkte, was trotzdem stattfand: Die Klimakonferenz COP27 im November 2022 in Ägypten. Dort bildete sich ein deutsch-senegalesisches Netzwerk: Die *Senegal-Deutschland Bürgerallianz für Klimagerechtigkeit*[31], deren Ziel die Verhinderung eines Gasdeals zwischen Deutschland und Senegal war, wie ihn Olaf Scholz und Macky Sally einige Monate vorher angekündigt hatten. Etwa zur selben Zeit gründete sich auch die Kampagne *Don't Gas Africa*, die sich der kontinentweiten Offensive für neue Gasförderung entgegenstellt und ebenfalls Teil dieser Bürgerallianz wurde.

Die Allianz scheint mittlerweile eingeschlafen zu sein – sicher auch, weil Vieles darauf hindeutet, dass Deutschland kein Interesse hat, den Gasdeal weiterzuverfolgen.[32] Mit den Gaslieferungen aus den USA und Norwegen und neuen *Liquified Natural Gas* (LNG)-Terminals hat der ehemalige grüne Wirtschaftsminister Robert Habeck vielleicht doch schon so viel Überkapazität geschaffen, dass noch mehr neue fossile Projekte etwas zu schwer zu rechtfertigen wären.

Und die Kämpfe gegen neue Gasstrukturen in Afrika stehen vor einem Gegner, der undurchsichtiger und mächtiger kaum sein könnte: Ein Netzwerk aus einigen der einflussreichsten Unternehmen der Welt wie *BP*, internationalen und lokalen Interessensvertreter:innen derselben, Mitarbeiter:innen, Befürworter:innen, Journalist:innen, Politiker:innen – und, wie sich in unserer kleinen Geschichte zeigt: Im Maschinenraum dieses Netzwerks pulsieren die Finanzströme von IWF und Weltbank, die die Bedingungen für Profite schaffen.

Mit dem IDA-Kredit von 2017 hörten sie nicht auf zu pulsieren: Ein IDA-Kredit von 2019 forderte »Planung, Regulierung und institutionelle Vorkehrungen für die Teilsektoren des Gassektors in ihrem Midstream- und Downstream-Bereich«[33] und begrüßte die Bemühungen für ein neues Gasgesetz, das 2020 vom senegalesischen Parlament erlassen wurde. Darin wurden, noch unter dem Eindruck der Proteste um die Korruption bei den Gasdeals um *BP*, zwar Verschärfungen in Sachen Transparenz und staatlicher Beteiligung eingeführt, aber vor schärferen Umweltauflagen und ernsthafter Beteiligung zum Beispiel der Fischer:innen vor Ort blieben die Öl- und Gasunternehmen verschont.[34] Der staatliche Konzern *PETROSAN* ist in Folge der unter Einfluss von der Weltbank getroffenen Vereinbarungen mit *BP* und *Kosmos* nur zu 10% an dem Projekt beteiligt. Auch wenn das keine explizite Bedingung der entsprechenden Kredite war, wurde damit sogleich das Minimum ausgereizt, das das neue Gasgesetz zuließ. Und die Ausrichtung ist eindeutig auf Export, nicht auf Nutzung durch die Senegales:innen. Alle weiteren Kreditprogramme seit 2020 werden nicht müde, die riesige »Wachstumschance« der Gasförderung zu betonen.[35]

Man stelle sich vor, der Senegal wäre nicht durch Kolonialismus und über 40 Jahre Strukturanpassungen zur Rolle eines Rohstofflieferanten für den Weltmarkt ohne eigene verarbeitende Industrie verdammt worden; nicht in eine endlose Spirale aus Schulden gelockt worden, die ihn nun abhängig von immer weiteren Krediten machen, mit denen dank Zinsanhäufung immer wieder und wieder alte Kredite abgezahlt werden müssen. Wären die Ambitionen für die Lösung des Stromproblems durch erneuerbare Energien in einem Land mit etwa dem doppelten theoretischen Potential für Solarenergie im Vergleich zu Deutschland[36] nicht deutlich attraktiver als die Extraktion von Gas für den Export? Wie wäre die Situation, wenn sich multilaterale Institutionen genauso hartnäckig und ambitioniert für die Errichtung einer erneuerbaren Energieinfrastruktur einsetzten, wie sie es jetzt bei fossiler tun?

Im Maschinenraum der Klimazerstörung: IWF und Weltbank

IWF und Weltbank sind nicht nur tief verwickelt in neue fossile Extraktion – sie sind einer der Motoren im Maschinenraum der Klimazerstörung. Wir verlassen also den Senegal, um uns den globalen Maßstab dieser Zerstörung anzuschauen. Im Ganzen ergibt sich ein klares Bild: IWF, Weltbank und die G7-Staaten nutzen das Schuldensystem, um einen Fluss an billigen Rohstoffen zu sichern. Billige Rohstoffe, heißt vor allem: Öl, Gas, Kohle, Metalle, Agrar- und Tierprodukte. Genau – die Güter, die im Zentrum der ökologischen Katastrophe stehen. Die Verbrennung und Förderung von Öl, Gas und Kohle sind das, was unser Klima zerstört, die Förderung von Metallen – Gold, Kupfer, Mangan, Kobalt, Lithium– ob nun in »Megaminen« oder »artisanalem Bergbau« (ein Euphemismus für das Blutigschürfen der Hände) gehört zu den größten Umweltkatastrophen, in der ganze Landstriche verwüstet und Grundwasser vergiftet werden. Bei Agrar- und Tierprodukten kommt beides zusammen: weiträumige Zerstörung, Waldrodung und Auswirkungen auf das Klima als Ganzes. Was wir für den Senegal bereits zeigten, gilt auch allgemein: *Das*

Schuldensystem ist eine der maßgeblichen Verstärker der ökologischen Katastrophe.

Wie genau trägt das Schuldensystem zur ökologischen Zerstörung bei? Einerseits direkt, andererseits indirekt. Zunächst zu Ersterem: Was heißt hier »direkt«? Die G7-Staaten können über den IWF und die Weltbank nicht mehr den direkten Weg einschlagen, der noch die koloniale Zeit kennzeichnet: Mit Waffengewalt abgesicherte Extraktion durch Sklav:innen.[37] Mit »direkt« sind die Fälle gemeint, in denen IWF und Weltbank fossile Projekte subventionieren und Vereinbarungen zu Bedingungen für Kredite in akuten Notsituationen erstellen, welche Länder an die Förderung ihrer fossilen Ressourcen binden, wie im Fall Suriname.

Suriname ist immer wieder und akut seit 2020 in einer schweren Wirtschaftskrise und sah sich daher 2021 gezwungen, einen IWF-Kredit aufzunehmen. Die vereinbarte Auszahlung des Kredites wurde schnell eingestellt, als Suriname einige der fiskalpolitischen Bedingungen des IWF nicht erfüllte. Wie es der Zufall will, gibt es reiche Ölfelder nicht nur im Inland, wo seit 40 Jahren Öl gefördert wird, sondern auch vor der Küste – dort werden von den uns bereits bekannten *BP* und *Kosmos*, aber auch dem französischen Unternehmen *TotalEnergies* sowie zwischenzeitlich auch dem deutschen Unternehmen *DEA*[38], stetig neue Felder gefunden. Diese Konstellation führte zu einer direkten IWF-Intervention: Der IWF machte eine Vereinbarung mit den privaten Schuldner:innen zur Bedingung für weitere Verhandlungen. Es war klar, wie eine solche Vereinbarung auszusehen hat: Suriname verpflichtete sich, etwa ein Drittel zukünftiger Öleinnahmen an die Gläubiger:innen zu zahlen – der Deal läuft bis 2050.[39] Die Notlage wurde also nicht nur genutzt, um die Versuche Surinames auszuhebeln, als Staat mit prekärer Haushaltslage durch das staatseigene Unternehmen finanziell von der Zerstörung vor den Küsten zu profitieren. Nein, Suriname wurde gezwungen, einer möglichst langen Laufzeit der Zerstörung zuzustimmen, deren Profite an internationale Großkonzerne gehen. Im jüngsten IWF-Bericht zu Suriname darf deshalb die riesige »Wachstumschance« der neuen Ölfelder nicht fehlen.[40] Darüber hinaus sind von IWF, Weltbank und der Inter-American Development Bank (IDB) – einem IWF-Pendant für Kredite von Nord- nach Südamerika – schon über eine Milliarde US-Dollar an Suriname geflossen oder zugesichert, um weitere Öl-Profite zu sichern.[41]

Auch in Mosambik oder der Mongolei gibt es direkte Interventionen: Steuergeschenke für Kohle- und Gasfördernde Unternehmen gehören zu den Bedingungen der dringend benötigten Kredite.[42] Diese Form von direkter Intervention – ›Wenn ihr nicht weiter/mehr/neue fossile Rohstoffe fördert, dann stürzen wir euch in ökonomisches Chaos‹ – ist in Reinform nicht immer anzutreffen. Aber sie ist verwoben mit, ja eigentlich funktioniert sie nur wegen der indirekten Intervention. »Indirekt« meint hier: Der Eintritt der betroffenen Länder in die Schuldenspirale beinhaltet die stückweise Zerschlagung der heimischen Industrie. Zugleich müssen die Schulden zumeist in US-Dollar zurückgezahlt werden – um das Geld aufzutreiben muss also exportiert werden. Nur: was kann überhaupt exportiert werden, wenn es kaum verarbeitende Industrie gibt? Richtig: Rohstoffe.

Das sieht man zum Beispiel in Ecuador und Argentinien. Die Ecuadorianische Regierung unter dem Liberalen Guillermo Lasso hat sich 2021 – ob nun als willkommene Ausrede oder tatsächlichen Sachzwang – auf die hohe Schuldenlast berufen, um den Plan zu rechtfertigen, die Ölproduktion bis 2025 zu verdoppeln.[43] In Argentinien – das 2018 in einem dubiosen Deal zwischen dem damaligen, rechten Präsidenten Macri und dem IWF, an dessen Einfädelung Donald Trump beteiligt war, den größten Einzelkredit bekam, den der IWF jemals ausgegeben hat[44] – wird die hohe Schuldenlast regelmäßig als Argument verwendet, die Öl- und Gasproduktion zum Beispiel im Frackingfeld Vaca Muerta auszuweiten.[45] Der IWF sieht auch in seinen Berichten zu Argentinien reichlich Wachstumschancen in Öl und Gas.[46]

Das Schuldensystem befördert also direkt und indirekt die Erschließung, Betreibung und Ausweitung fossiler Projekte. Bevor die Bohrköpfe und Baggerschaufeln die Erde verwüsten können, müssen die Felder vorbereitet werden: Die nervigen lokalen Interessen und Bedenken müssen ausgeräumt und Regulierungen abgeschafft werden – diese Arbeit ist es, die westliche Staaten im Dienste ihrer Unternehmen mithilfe des Schuldensystems im Hintergrund leisten. Dazu muss sichergestellt werden, dass die Menschen vor Ort nicht irgendwann auf die Idee kommen, die westlichen Bohrköpfe und Baggerschaufeln vielleicht wieder rauszuschmeißen – auch diese Arbeit leistet das Schuldensystem, indem es beständig Abhängigkeit aufrechterhält.

Bevor wir uns nun wieder den Klima-Diskursen vom Anfang zuwenden, sei noch eine besonders perverse Feedback-Schleife erwähnt, die mit dem Schuldensystem produziert wird: Nicht nur wird die Klimakatastrophe angeheizt, indem Länder zur fossilen Extraktion getrieben und dort gehalten werden – sondern wenn dann die Folgen dieser Katastrophe als Flut, Feuer, Sturm oder Dürre die Länder verwüstet, dann ist die einzige Möglichkeit damit umzugehen die Aufnahme von Krediten. Mosambik war 2019 nach verheerenden Stürmen zur Kreditaufnahme gezwungen[47], nach den verheerenden Fluten in Pakistan 2022 war die international aufgebrachte »Hilfe« nicht nur bloß ein Viertel des Bedarfs, sondern bestand zudem zu größten Teilen aus neuen Krediten, welche das Land noch tiefer in die Schuldknechtschaft trieb[48].

Aber gibt es dafür nicht die so oft, gerade auch von Deutschland, beschworene »Klimahilfe«[49]? Trotz etlicher COPs, bei denen das Thema auf dem Tisch lag, und beständiger Zusicherungen, sieht die Realität leider anders aus: Nicht nur wurden zwischen 2002 und 2021 lediglich 65,3% der insgesamt zugesicherten 461 Milliarden US-Dollar auch ausgezahlt, sondern 77,3% davon sind schlicht neue Kredite.[50] Der Großteil der sogenannten »Klimahilfe« dient lediglich der Bereicherung des Globalen Nordens durch Zinszahlungen, der sich dabei zugleich als Weltretter inszenieren darf.

Aber was kann denn Deutschland tun? Schulden streichen!

Das alles führt zu einer wesentlichen Erkenntnis: Wenn es irgendeine Chance geben soll, fossile Projekte einzudampfen und neue zu verhindern, dann ist das Schuldensystem eines der größten Hindernisse. Aber was hilft uns das in Bezug auf unseren Ausgangspunkt in diesem Kapitel?

Erinnern wir uns an die Konstellation: Auf der einen Seite haben wir Scholz' Gerede von erneuerbaren Energien und starken Partnerschaften – der Grüne Bullshit-Diskurs. Dahinter verbirgt sich die Erzählung von der Klimakatastrophe als Wachstumschance für die deutsche Exportindustrie. In der Realität ist das der geopolitische Ellenbogen, der fossiles Gas für Chemieindustrie & Co. besorgt und sich dabei die Bedingungen des Schuldensystems zu Nutzen macht: britische und US-amerikanische Unternehmen fördern Gas vor der Küste Senegals – »Drill, baby, drill!«. Daneben haben wir den neurechten Bullshit-Diskurs. Betonte Scham- und Schuldlosigkeit ist der Kern dieser Erzählung, die allmählich die Grüne Erzählung ablöst. Und in dieser Erzählung ist Deutschland nicht das große Vorbild wie in der Grünen Erzählung, sondern der Trottel, über den sich alle lustig machen, weil er sich mit Klimamaßnahmen selbst zerstört.

Diese neu-rechte Erzählung explodiert gerade – aber sie hatte etwas harmloser angefangen: »Deutschland kann doch nicht alleine die Welt retten!«, war vor einiger Zeit noch der erste Reflex der Vertreter:innen dieser Erzählung, sobald es ums Klima ging.[51] Das setzt – wie die stärkere Erzählung von der »Selbstzerstörung Deutschlands« heute – voraus, dass Deutschland besonders wirksame Klimamaßnahmen umsetzt, während der Rest der Welt weiter auf fossile Brennstoffe setzt. Es sei mal dahingestellt, ob die Reduktion der Treibhausgasemissionen in Deutschland seit 1990 nicht zu größten Teilen schlicht auf Verlagerung von Produktionsstätten ins Ausland zurückzuführen ist, insbesondere nach China, das zumeist Teil der neu-rechten Erzählung ist: »Ja, aber die Chinesen!«[52]. Selbst dann ist es dreist, dem

»Rest der Welt« die Fossilen anzukreiden, wo doch deutsche Unternehmen überall fleißig mitverdienen: *Wintershall DEA* bei Öl- und Gasfeldern in Russland, Argentinien, Libyen und Mexiko, *Siemens* bei Kohle und LNG in Bangladesch und Australien[53], *Allianz* bei Kohle, Öl und Gas in Kolumbien, Indien und Saudi-Arabien[54].

Wie wir sehen, ist das Schuldensystem einer der wichtigen Motoren, der diese Aktivitäten deutscher Unternehmen ermöglicht: Was für *BP* gilt, gilt für *Wintershall DEA* genauso – Strukturanpassungen unterstützen ihr globales Agieren. Es sind nicht nur die deutschen privatwirtschaftlichen Akteure, sondern auch die deutsche Regierung am Schuldensystem beteiligt: Deutschland ist viertgrößter Anteilseigner beim IWF. Konkret sind es etwa 35,7 Milliarden US-Dollar, die Deutschland für den IWF zur Verfügung stellt.[55] Damit hat Deutschland auch die viertgrößte Stimmmacht. Und die nutzt es aktuell, um die Märkte für deutsche Unternehmen offen zu halten und gleich noch sicherzustellen, dass »Entwicklungshilfen« und »Klimahilfen« wieder zurückfließen. Während global von 1980–2015 etwa 2,72 Billionen US-Dollar Entwicklungshilfen geflossen sind[56] und mühselig auf den COPs über die 100 Milliarden US-Dollar Klimahilfen diskutiert wird, sind im selben Zeitraum etwa 4,2 Billionen US-Dollar an Zinszahlungen aus dem Globalen Süden geflossen.[57] Das Anderthalbfache der Hilfen ist also schon nur für Zinsen draufgegangen.

Das nächste Mal, wenn jemand mit »Was kann denn Deutschland schon tun?« ankommt, ist ein Teil der Antwort also: Schulden streichen! Das nächste Mal, wenn jemand mit »Aber wir bauen Radwege in Peru!« ankommt, ist ein Teil der Antwort also: »Streichen wir die Schulden, durch die ein Vielfaches an Radweg-Kosten in den Globalen Norden fließt – dann kann die peruanische Regierung das selbst finanzieren«. Millionen von Menschen, ob Teil der um Argentinien und Sri Lanka gebildeten Wiederbelebungen der IMF-Riots oder nicht, könnten vor Freude tanzen – im Falle der durch die Schulden aufrechterhaltenen fossilen Projekte sind es nur Macky Sall und ein paar Investor:innen.

Deutschland: Kind der Schuldenstreichung

In diesem Kapitel machen wir einen kleinen Sprung. Wir fokussieren uns geographisch auf Deutschland. Wir bleiben aber bei den in der Bundesrepublik kursierenden Bullshit-Diskursen. Anhand der Erzählungen über die deutsche Ökonomie und das deutsche Wirtschaftswunder im Nachgang an den historischen Faschismus, die Shoah und den Zweiten Weltkrieg kommen wir letzten Endes wieder zu unserem Thema: der Schuldenstreichung. Denn wie dieses Kapitel zeigt, spielt eine umfassende Streichung der Schulden 1953 eine zentrale Rolle in der deutschen Wirtschaftsgeschichte. Diese beweist: umfassende Schuldenstreichungen sind möglich und haben weitreichende Effekte, die heute ebenso im Globalen Süden zum Tragen kommen könnten. Doch zunächst zum Bullshit – und wer wäre besser geeignet diesen zum Ausdruck zu bringen als der Finanzminister a. D. Christian Lindner?

Deutschland sei eine ökonomische Macht, der »Stabilitätsanker der Eurozone«[1] – sagte besagter, ehemaliger Finanzminister. Inmitten des Schocks der COVID-19 Pandemie »präsentiert sich die deutsche Wirtschaft in einer [...] robusten Verfassung und mit Mut zur Zukunft«, denn »Wir sind das Land der Ingenieure« – fütterte Peter Altmaier, seines Zeichens ausgeschiedener Wirtschaftsminister, 2021 das Phrasenschwein.[2] Das Bild der tüchtigen deutschen Ökonomie, die aufgrund eigener Leistung und Tatendrang so prächtig dasteht, beschwor auch der letzte Bundeskanzler Olaf Scholz beim Wirtschaftsforum in Davos 2024: »Diejenigen, die ihre Ärmel hochkrempeln wollen, sind in Deutschland immer willkommen. Das ist unsere Botschaft!«.[3] Diese beeindruckende Selbstüberschätzung der ökonomischen Stärke und Eigenleistung Deutschlands ist tief eingebrannt in das Selbstbild vieler Menschen; vor allem in Deutschland, aber auch international. Ein Filmemacher ging 2014 sogar so weit, Deutschland als »ökonomischen Superstar« zu bezeichnen.[4]

Während auf der einen Seite die Regierungs-Riege den Bullshit-Diskurs der ökonomischen Macht aus Eigenleistung malt, stapeln sich in Wissenschaft und Wirtschaftspresse die Krisendiagnosen. Der US-Politologe Gerard Braunthal berichtete schon 1968 vom »Tod des Deutschen Wirtschaftswunders«.[5] Der Deutsch-US-Amerikanische Ökonom Rüdiger Dornbusch legte 1993 seine Diagnose nach und erklärte nun sei endgültig »das Ende des Deutschen Wunders« erreicht.[6] In der Wirtschaftspresse ist kontinuierlich die Rede von Deutschland als »krankem Mann Europas« – so zuerst konstatiert vom britischem *Economist* 1999[7] und erneut 2023.[8] Martin Wolf, Chef-Kommentator bei der *Financial Times* legte 2024 nach und schloss sich der Diagnose, Deutschland sei der kranke Mann Europas, an.[9] Am 5. November 2024 schließlich titelt die *Financial Times*: »Ist Deutschlands Geschäftsmodell kaputt?«[10] Die Antwort: ja. Derartige Analysen sind bei »einem Land, das sich selbst immer noch für ein ökonomisches Kraftzentrum hält«[11], natürlich besonders eindrücklich. Wir haben es mit einem scheinbar unüberbrückbaren Widerspruch zu tun; einem Widerspruch zwischen beeindruckender ökonomischer Eigenleistung und zeitgleicher ökonomischer Schwäche. Irgendwo muss also ein Fehler liegen. Um nicht die Wirtschaftspresse in Frage zu stellen, beginnen wir bei der Frage: wo liegen die Wurzeln des Bullshit-Diskurses des ökonomisch so eigenständig-mächtigen Deutschlands und was ist dran an dieser Erzählung? Diese Erzählung ist deshalb so wichtig, weil sie als Grundlage eines anderen Arguments dient: Entwicklung entstehe aus eigener Verantwortung; wenn sie nicht stattfindet, liege das sowohl bei Staaten wie auch Menschen an eigener Unfähigkeit – ob nun aus Korruption oder anderen Gründen – und nicht etwa an der Position in der Ökonomie, die höchst ungleiche Bedingungen bietet. Genau diese Unfähigkeit wird den Staaten des Südens nur allzu oft vom Norden attestiert – wie wir in Kapitel zwei beschrieben haben – und im Gegensatz dazu in Deutschland das Argument platziert, man habe es ja auch aus eigener Kraft geschafft, sich aus den Ruinen hochzuarbeiten. Das müsste man im Süden bloß kopieren.

Stark wiegt in diesem Sinne im kollektiven Bewusstsein die Geschichte des Wirtschaftswunders im Nachgang an Faschismus, Weltkrieg und Shoah. Diese Phase relativ hohen Wirtschaftswachstums der 1950er und 60er Jahre hat Deutschland den Ruf einer wirtschaftlich unzerstörbaren Macht, mit einer irgendwie unerklärlichen, fast schon mystischen Leistungsfähigkeit eingebracht. Dass Deutschland, im europäischen Vergleich betrachtet, verhältnismäßig gut durch die Eurokrise gekommen ist, hat diesen Mythos in das 21. Jahrhundert und die Debatten unserer Zeit getragen. Diese Erzählung der starken, selbstständigen, aus Eigenverantwortung getragenen Ökonomie Deutschlands bröckelt jedoch, wie die Auszüge aus der Wirtschaftspresse exemplarisch zeigen. Die Datenlage unterstützt die Einordnungen der Presse: Deutschlands reales, also inflationsbereinigtes, Wirtschaftswachstum gemessen als Bruttoinlandsprodukt liegt seit 2019 im Durchschnitt nur knapp über 0%, während es in vergleichbaren Ökonomien im Euroraum wesentlich höher ist und teilweise fast 10% erreicht.[12]

Das lässt vermuten: der Mythos entspricht nicht der Realität, wie wir in diesem Kapitel zeigen. Weder das historische Wirtschaftswunder noch die heute komfortable Situation der deutschen Volkswirtschaft sind wunderbar, sondern schlicht Resultat einer vollkommen materiellen Gemengelage. Die deutsche Ökonomie profitierte und profitiert von Ausbeutung, Enteignung, Geopolitik und einer umfassenden Staatsschuldenstreichung im Jahr 1953.

In den folgenden Abschnitten beschreiben wir den Bullshit-Diskurs des Wirtschaftswunders, bevor wir diese mit der historischen und zeitgenössischen ökonomischen und politischen Realität konfrontieren. Auf dieser Basis sprechen wir dann über die Rolle der deutschen Ökonomie und der Forderung der Schuldenstreichung für den Globalen Süden.

Der Mythos des Wirtschaftswunders

»Es war einmal ein in Trümmern liegendes Land. Dieses wurde durch den unermesslichen Schaffensdrang der vom Faschismus geläuterten Deutschen, ihrem schier unendlichen Fleiß und dem unbeirrbaren wirtschaftspolitischem Sachverstand einer Nation der Denker in das goldene Zeitalter des Wirtschaftswachstums und der Prosperität geführt.«

So, oder so ähnlich, lautet der erzählerische Kern des Bullshit-Diskurses des Wirtschaftswunders Deutschlands. In der ökonomischen Realität und Debatte greift diese Erklärung aber natürlich viel zu kurz. Tatsächlich sind die Gründe für das starke Nachkriegswachstum Westdeutschlands ein äußerst beliebter Diskussionsstrang in den Wirtschaftswissenschaften und insbesondere der Wirtschaftsgeschichte. Die Suche nach dem Geheimrezept von realen Wachstumsraten von bis zu 13,6% im Jahr 1955[13] und der akademische Schlagabtausch, über die Deutungshoheit der wirtschaftspolitischen Rezepte, die zum so-genannten Wunder führten, erfreuen sich bis heute höchster Beliebtheit.

Bestens kompatibel mit dem Mythos der deutschen Schaffenskraft und der eigenständigen Entwicklung sind die marktliberalen* Erklärungsansätze. Die konkreten Mechanismen, die zur Erklärung herangezogen werden, unterscheiden sich zwar, doch die zugrundeliegende These ist dieselbe: nach der Befreiung vom Faschismus konnte die deutsche Wirtschaft das ungenutzte Potenzial des freien Marktes durch eine liberale Wirtschaftspolitik freilegen. So konnten die Kräfte der freien, wenn auch ein bisschen sozialen, Marktwirtschaft, die im Faschismus durch staatlichen Interventionismus gehindert wurden,

* Marktliberal meint eine politische Einstellung, die ausgehend von neoklassischer Wirtschaftstheorie auf die selbstregulierende Kraft der Märkte setzt, die im Zentrum der Gesellschaft stünden und durch das magische Ausgleichen von Angebot und Nachfrage durch rationale Akteure alles besser machen würden. Das, jedoch ist ein ganz eigener Bullshit-Diskurs, über den es bereits ganze Bücher gibt.

die Produktivkräfte auf fast schon magisch anmutende Weise in ungeahnte Bahnen lenken. Folgt man dieser, recht stumpfen, Interpretation, so wurde das Wirtschaftswachstum allein durch die Reduktion von Preiskontrollen und Steuern sowie einer Währungsreform in den Jahren 1948 und 1949 ausgelöst.[14] Bei dieser Erklärung handelt es sich aber zugegebenermaßen um die allerbilligste, weniger informiert durch die Empirie als vom ideologischen Bau der Luftschlösser freier Marktgesellschaften. Realitätsnäher ist da schon der Ansatz, dass die umfassende, schrittweise Transformation der Institutionen des deutschen Wirtschaftssystems ab 1948 bis Mitte der 1950er Jahre einen Wachstumsschub ausgelöst habe. Durch die Auflösung von Kartellen und reduzierte staatliche Intervention sei die deutsche Wirtschaft schließlich in den Weltmarkt integriert worden und hätte davon stark profitiert.[15] Eine weitere Hypothese lautet, das Wirtschaftswachstum im Faschismus sei nun einmal unter dem Potenzial vergleichbarer Staaten verblieben und mit der Befreiung setzte schlicht eine aufholende Entwicklung ein und Deutschland kehrte auf den vor dem Krieg eingeschlagenem Wachstumspfad zurück.[16]

All diesen Erklärungsmodellen ist neben ihrer marktliberalen Unterfütterung gemein, dass sie einen radikalen Bruch in der Geschichte Deutschlands mit Beginn und nach Ende des Faschismus annehmen. Mit dem Ende des Faschismus sei eine Epoche des ökonomischen und politischen Ausnahmezustands vorbei, die sich wesentlich von der Organisation der Wirtschaft vor und nach ihr unterscheidet. Diese Annahme ist allerdings mehr Wunschdenken als Realität. Die Faschisten hatten vor allem zu Beginn ihrer Herrschaft keine kohärente wirtschaftspolitische Vorstellung. Vor allem in den ersten Jahren des Faschismus fand kein fundamentaler Bruch mit den ökonomischen Arrangements der Weimarer Zeit statt, solange diese dem Umbau von Staat und Gesellschaft nicht im Weg standen. Auch in der Weimarer Republik war etwa ein korporatistischer Zeitgeist, also die politisch geleitete Aushandlung von Lohn- und Arbeitsverhältnissen, weitverbreitet. Arbeitgebervereinigungen etwa hatten in Reaktion auf die große Depression ab 1929 weitgehende Befugnisse für das Festlegen von Preisen und Löhnen erhalten. Diese Form der Organisation der Wirtschaft existierte auch im Faschismus und wurde erst im Zuge der Rationierung, umfassender Preiskontrollen und endgültigen Umstellung auf die Kriegswirtschaft ab 1939 und vor allem ab 1941 heruntergefahren.[17]

Nicht nur stellte der Einstieg in den Faschismus, zumindest wirtschaftspolitisch gesprochen, zunächst keinen umfassenden Bruch dar, genauso wenig fand dieser nach dem Faschismus statt. Die von Ludwig Erhard 1948 umgesetzten Reformen waren tatsächlich kein radikaler Aufbruch weg von einer interventionistischen Wirtschaft, sondern behielten die meisten der Institutionen aus den späten Weimarer und frühen Jahren des Faschismus bei. Effektiv fand die Umsetzung eines gemäßigt marktliberalen wirtschaftspolitischen Programms statt, das Beginn der 1940er Jahre entwickelt wurde und viele Jahre die Wirtschaftspolitik im Faschismus prägte. Aktuelle wirtschaftshistorische Einordnungen betonen deswegen, dass weder 1945 noch 1948 eine *Tabula rasa* waren. Die institutionellen Reformen waren weitaus weniger weitreichend als in der marktliberalen Erzählung.[18] Dazu kam: tatsächlich hatte trotz der umfassenden Bombardierungen ein Großteil des Kapitalstocks den Faschismus unbeschadet überstanden. Nach Ende des Faschismus konnten relativ viele Produktionsstätten und Maschinen weiterhin verwendet werden. Das war der Fall, weil viele Bombardierungen auf die Zerstörung von Transportinfrastruktur zielten, um zugleich Militärbewegungen und Produktion zu schädigen, sowie gegen Ende des Krieges vermehrt auch zivile Ziele zum Zermürben der Bevölkerung beschossen wurden. Vor allem aufgrund »kolossaler Investitionen« in den späten 1930er und beginnenden 1940er Jahren war überdies ein enormer Kapitalstock angelegt worden, der nicht von jetzt auf gleich zerstört werden konnte.

Gegen die These des aufholenden Wachstums durch das ungenutzte Wachstumspotenzial nach dem Faschismus spricht: die Wachstumsraten der Wirtschaft im Faschismus waren relativ hoch. Zwischen 1934 und 1939 betrug das durchschnittliche jährliche

Wachstum des Bruttoinlandsproduktes circa 7,2% und auch von 1940 bis 1944 wurde noch ein durchschnittliches Wachstum von circa 2,4% erreicht. Von 1941 bis 1944 gab es sogar noch einen Zuwachs der Arbeitsproduktivität um 13%. Erst 1945 und auch 1946 sank die Summe der von der deutschen Volkswirtschaft hergestellten Gütern drastisch, um 26, respektive 51%.[19] Es ist also mitnichten so, dass es der deutschen Wirtschaft im Krieg schlecht ging. Der Kollaps der deutschen Wirtschaft fand erst 1945 und 1946 statt. Das Bruttoinlandsprodukt von 1944 wurde erst 1956 wieder erreicht, die ersten Jahre des hohen Wachstums waren real also vor allem die Wiederinstandsetzung sowieso vorhandener Produktionskapazitäten. Das deutsche Kapital im Kernland profitierte bis zum Ende des Faschismus enorm von der durch die Faschisten organisierte Monopolbildung, der Arisierung der Wirtschaft, sowie der Enteignung, Internierung und Zwangsarbeit aller als Feinde des Regimes deklarierten Menschen, vor allem von Juden:Jüdinnen aber auch von Sinti:zze, Rom:nja, Schwarzen Menschen, behinderten Menschen, Queers, sowie Kommunist:innen und Sozialist:innen. Die von ihnen geleistete Zwangsarbeit ist im Übrigen die Erklärung für den Zuwachs der Arbeitsproduktivität zwischen 1941 und 1944.[20]

Im Bullshit-Diskurs der Marktliberalen wurde nach dem Faschismus in der deutschen Wirtschaft ordentlich aufgeräumt: »Erhard verbrachte den Sommer [1948] mit der Entnazifizierung der Westdeutschen Wirtschaft«, heißt es.[21] Diese Erzählung, allerdings, ist nichts als Bullshit. Entnazifiziert wurde so gut wie nichts. Effektiv saßen bis auf einige der exponiertesten Faschisten die gleichen Mörder, die die Kriegswirtschaft organisiert hatten, auch nach der angeblichen Entnazifizierung in den gleichen Posten wie vorher.[22] Weniger als 20% des von Juden:Jüdinnen geraubten Eigentums wurde restituiert, geraubte Vermögen und Eigentum in einem Wert von mindestens 115 Milliarden US-Dollar bildeten einen zentralen Teil des industriellen Kapitalstocks.[23] Katharina und Zachary Gallant ordnen die Umstände der materiell nie erfolgten Entnazifizierung ein: »Wenn wir über das deutsche Wirtschaftswunder reden, ist in unseren Augen das wahre

Wunder, dass die Milliardäre der deutschen Führung die geraubten Vermögenswerte behalten durfte, dessen Wert größer als der Gesamtwert des Marshall-Plans (114 Milliarden US-Dollar) ist«.[24] Die von den Nazis geschaffenen Monopole wurde auch nur in den seltensten Fällen wie etwa der IG Farben aufgelöst. Eine Anti-Kartell Gesetzgebung wurde 1951 noch abgelehnt und erst 1957 umgesetzt.[25]

Einen echten Bruch mit der faschistischen Wirtschaft hat es nie gegeben. Im Gegenteil war das Wirtschaftssystem ab 1948 eine Mischform aus Komponenten der Weimarer Zeit sowie der im Faschismus entstandenen Eigentumsverhältnissen, Monopolen und ihrer Produktion. Wenn es also weder einen fundamentalen Bruch mit der Naziwirtschaft noch ihrer Institutionen gegeben hat, was erklärt dann – neben den geraubten Vermögen – das viel beschworene deutsche Wirtschafts- und Entwicklungswunder?

Die Realität des Wirtschaftswunders

Eine zentrale Komponente für das Wirtschaftswunder war der enorme Bevölkerungszuwachs von Nachkriegs-Westdeutschland. Von 1946 bis 1950 stieg die Bevölkerung um ganze 9%. Es handelte sich dabei vor allem um Rückkehrer:innen aus Osteuropa, größtenteils ehemalige Soldaten und Geflüchtete. Dieser Zufluss erhöhte die Menge potenzieller Arbeitskräfte und somit auch die Summe der erwirtschafteten Waren und Dienstleistungen ab 1946. Es gab allerdings zwei Probleme: 1.) Ein Großteil der Städte war zerbombt. In den Städten saßen allerdings die großen Industrieproduktionen, die Arbeitskräfte benötigten. Der Mangel an Wohnraum in den Städten sorgte zunächst dafür, dass die meisten der in Deutschland ankommenden Menschen sich im ländlichen Raum ansiedelten. Deswegen gab es vor allem im direkten Nachgang an den Faschismus mehr als ausreichend Arbeitskräfte in der Landwirtschaft, aber viel zu wenige in der Industrie. 2.) Das sich in der Gründung befindliche Westdeutschland hatte so gut wie keine fiskalischen Kapazitäten. Zwar stiegen die staatlichen Gesamtausgaben von 14,4 Milliarden D-Mark im Jahr 1948 auf 35,4 Milliarden 1951, aber 7,4 Milliarden davon gingen direkt an die Alliierten.[26] Diese hielten durch die von ihnen geschaffene Nachfrage die deutsche Wirtschaft am Laufen. Viele Menschen fanden in den ersten Jahren Arbeit beim US-Militär. 1951 standen 250 000 Menschen auf ihrer Gehaltsliste.* Nichtsdestotrotz fehlte es der Westdeutschen Administration schlicht und ergreifend am Geld für Investitionen. Deswegen konnten im ländlichen Raum, wo schließlich ein Großteil der potenziellen Arbeitskräfte saß, auch keine neuen Industrien aufgebaut werden. Von den internationalen Kapitalmärkten war Westdeutschland zu diesem Zeitpunkt nämlich aufgrund der ungeklärten Staatsschuldenlage ausgeschlossen. Das faschistische Regime hatte während ihrer Herrschaft beschlossen, internationale Schuldenzahlungen nicht mehr zu bedienen[27] – ein Schritt, der heute für Staaten des Südens dramatische Konsequenzen bedeutet.

Letzten Endes musste zur Bewältigung der ungünstigen räumlichen Verteilung der arbeitenden Bevölkerung eine Lösung her, die

* Auch zusätzlich zu diesen sehr direkten Ausgaben wurden die deutsche und westeuropäische Wirtschaft durch die USA mit US-Dollar geflutet. Der Marshall-Plan trug einen Großteil dazu bei. Diese Dollar wurden als Eurodollar bekannt, weil sie von europäischen Banken gehalten wurden. Auf einmal verfügten also Mitte der 1950er Jahre viele europäische und deutsche Finanzinstitute über hohe Summen US-Dollar, mit denen sie zu diesem Zeitpunkt nicht so recht etwas anzufangen wussten. Um zu viele US-Dollar Flüsse aus Europa in die USA zu verhindern, was potenziell eine Inflation auslösen würde, ermutigten die USA europäische Banken, die Dollar im Ausland zu investieren. Kredite an die wachsenden Ökonomien in Lateinamerika schienen dabei profitable Investitionsmöglichkeiten. Das führte dazu, dass in den 1950er Jahren Milliarden US-Dollar Dollar in Form von Krediten von Europa nach Süd- und Zentralamerika flossen. Dieser Geldfluss etablierte dabei eine Struktur von Akteuren und Institutionen, sowie ein Geschäftsmodell, das darauf beruhte in US-Dollar notierte Staatsanleihen für Investitionen und Spekulationen zu nutzen. Eben dieses Modell fand auch mit den Petrodollars ab 1973 Anwendung und war schließlich somit einer der Auslöser der Staatsschuldenkrise der 1970er und 1980er Jahre.

nur über die Wiederherstellung des städtischen Wohnraums gefunden werden konnte, für die es wiederum umfassende Investitionen brauchte. Dieser Spielraum wurde vor allem durch zwei miteinander verbundene Faktoren wiederhergestellt: zum ersten nahm der innereuropäische Handel im Anschluss an den zweiten Weltkrieg wieder an Fahrt auf. Zum zweiten, und das ist für uns in diesem Buch zentral, wurden mehr als die Hälfte der westdeutschen Staatsschulden 1953 gestrichen.

Von der Wiederaufnahme des innereuropäischen Handels nach Ende des Krieges profitierte nicht zuletzt auch die westdeutsche Wirtschaft. Im Faschismus wurde ein immer größerer Teil des Handels der Naziwirtschaft mit Osteuropa abgeschlossen. Hitlers Drang nach Osten spiegelte sich auch in den Handelsbeziehungen wider. Mit der Teilung Deutschlands nach dem Krieg brach dieser Exportmarkt weg, der Handel nach West-, Nord-, und Südeuropa wurde aber unter der Ägide der 1948 ins Leben gerufenen Organisation für europäische wirtschaftliche Zusammenarbeit* (OEEC) schrittweise wiederhergestellt.[28] Das durch Exporterlöse und ihre Besteuerung gewonnene Geld bildete die Grundlage für ein von 1949 bis 1957 laufendes gigantisches Wohnungsbauprogramm. Die Finanzierung dieses Programms stand zunächst auf prekären Füßen, was sich 1953 ändern sollte. Nach mehreren Jahren Verhandlung einigten sich die Vertretungen von 21 Staaten, darunter die Siegermächte des Zweiten Weltkriegs und einige ihrer politischen Verbündeten, am 27 Mai 1953 in London auf die historische Streichung von über der Hälfte der westdeutschen Staatsschulden. Schulden im Wert von mindestens 17,8 Milliarden D-Mark[29] wurden gestrichen und so die Last von 32,3 Milliarden auf 14,5 Milliarden D-Mark verringert.** Das Ziel: »Die Wiederherstellung normaler Handels- und Finanzbeziehungen

* Eine Vorgängerorganisation der Organisation für wirtschaftliche Zusammenarbeit und Entwicklung (OECD).

** Wir verwenden hier die am weitesten verbreitete, konservative Berechnung. Es ist allerdings davon auszugehen, dass die tatsächliche Summe der gestrichenen Schulden unter anderem aufgrund entstandener Kos-

zwischen der Bundesrepublik Deutschland und anderen Staaten«.[30] Im Zuge des Londoner Abkommens wurden darüber hinaus auch die Rückzahlungsbedingungen festgelegt: es sollten niemals mehr als 5% der Exporterlöse Westdeutschlands für den Schuldendienst aufgewendet werden. In Staaten des Südens liegt dieser Wert heute oft um ein Vielfaches höher, im Senegal 2024 etwa bei 25,8%, in Angola bei 59,8%.[31] Zeitgleich legten die Siegermächte fest, bis auf weiteres den Export von Gütern nach Westdeutschland zu stoppen, die auch von der lokalen Industrie hergestellt werden konnten. Das ist das genaue Gegenteil zur Behandlung des Südens durch den IWF heute, denn durch Strukturanpassungsprogramme werden ganz im Gegenteil lokale Industrien zerschlagen und die Abhängigkeit von Importen zementiert.

Westdeutschland wurde so im Rahmen des kalten Krieges aufgepappelt, um vom Westen als geostrategisches Bollwerk gegen die rote Systemkonkurrenz im Osten eingesetzt zu werden. Entwicklung aus Eigenleistung? Nicht wirklich. Das Schuldensystem wurde für die Realisierung geopolitischer Interessen genutzt. 1953 galt das für den kalten Krieg und die Systemkonkurrenz. Heute dient es zur Absicherung des Zugriffs auf Ressourcen und Absatzmärkte in den Ländern des Südens – wie in den vorherigen Kapiteln dargestellt. Dieser krasse Gegensatz wird umso perverser, wenn Deutschland die Entwicklung aus Eigenleistung zugeschrieben wird, während den Staaten des Südens Versagen attestiert wird; während das Staatsschuldensystem in beiden Fällen als geopolitisches Instrument genutzt wird.

Die Folgen des Londoner Abkommens für Westdeutschland waren weitreichend. Wer wäre besser geeignet, diese einzuordnen als Hermann Josef-Abs? Dieser war nicht nur Chef-Verhandler des Abkommens auf deutscher Seite, sondern im Faschismus zentral an der Arisierung des Bankenwesens und der Organisation von Zwangsarbeit beteiligt.[32] Darüber hinaus war er im Vorstand der IG-Farben und der

ten für Zinses-Zinsen und unterschiedlicher Arten die Wechselkurse zu berechnen wesentlich höher ausgefallen ist.

Deutschen Bank. Er ist das personifizierte Beispiel der gescheiterten Entnazifizierung und hielt viel vom Londoner Abkommen: »Dank des Schuldenarrangements hat die Bundesrepublik nicht nur ihre internationale Kreditwürdigkeit wiedererlangt, sondern auch das Vertrauen der Welt in Deutschland wiederhergestellt«.[33] Das Abkommen stellte den letzten von drei zentralen Schritten im Aufbau fiskalischer Handlungsmacht dar: zunächst hat die Währungsreform und Einführung der D-Mark 1948* die lokalen Schulden eliminiert. Darauffolgend wurden durch die 1949 getätigten Reformen der Europäischen Zahlungsunion und der OEEC der Handel und Kapitalverkehr in Europa wiederhergestellt. Das Londoner Abkommen war der finale Schritt in dieser Abfolge und stellte die Kreditfähigkeit und damit Zahlungsfähigkeit für Investitionen, zum Beispiel in das Wohnungsbauprogramm, wieder her.

Im Zuge der in diesem Dreischritt erlangten Zahlungsfähigkeit wurde nicht nur das Wohnungsbauprogramm weiter angekurbelt, sondern auch die allgemeinen Sozialausgaben des westdeutschen Staates immens angehoben. Ausgaben für Soziales wurden unter anderem priorisiert, da Westdeutschland bis 1955 keine Armee besaß. 26,9% der Staatsausgaben in den 1950er Jahren wurden fürs Sozialwesen eingesetzt, 15,4% für Verteidigung, und Inneres, 8,9% für Bildung und 8,6% für das bereits genannte Wohnungsbauprogramm.[34] Ab 1953 stieg der Anteil der Staatsausgaben für Soziales signifikant und erhöhte so drastisch die Binnennachfrage und auch die Staatseinnahmen. Die Staatseinnahmen wurden für eine progressive Umverteilung eingesetzt. All diese Entwicklungen führten gemeinsam zu einem hohen Wirtschaftswachstum, verhältnismäßig geringer Inflation sowie der Stabilisierung der D-Mark an den internationalen Geldmärkten im Kontext der durch das Bretton Woods Abkommen stabilisierten internationalen Wechselkurse.[35] Diese Situation führte

---

* Im Zuge der Währungsreform 1948 wurde die ehemalige Reichsmark entwertet, was auch die Entwertung zahlreicher finanzieller Forderungen gegen den Deutschen Staat, gehalten vor allem in Deutschland, bedeutete.

auch zu erhöhten privaten Investitionen in Deutschland, sowohl von lokalen wie internationalen Akteuren.

All das zeigt: es gab kein Wirtschaftswunder, keine magische Entwicklung aus Eigenleistung, im eigentlichen Sinne. Deutschland profitierte von einer geopolitischen Situation, in der der westliche Machtblock ein starkes Interesse an einem starken Westdeutschland hatte. Nie wieder wurde ein Staat ökonomisch dermaßen verhätschelt wie Westdeutschland. Ein Land, dessen industrieller Kapitalstock bis heute zu einem großem Teil aus dem enteignetem Eigentum und der daraus generierten und wieder-investierten Profite vor allem von Juden:Jüdinnen besteht; ein Land, das durch viel Wohlwollen der Alliierten und unter anderem einer Schuldenstreichung überhaupt erst in eine wirtschaftlich starke Position gebracht wurde. Die Bullshit-Erzählung des starken Deutschlands, das aus Eigenleistung, ökonomischem Sachverstand oder Fleiß auf wundersame Weise magische Wachstumsraten erzielte, ist genau das: Bullshit.

Die deutsche Ökonomie heute

Doch wenn am historischen Wunder für die Gründe der besonders starken Ökonomie Deutschlands nichts dran ist, dann ist Deutschland aber doch wenigstens heute aus eigener Leistung und Sachverstand der »ökonomische Superstar« und »Stabilitätsanker Europas«. Oder?

Die kurze Antwort lautet: Nein. Das Entwicklungsmodell der deutschen Wirtschaft ist strukturell auf eine ungleiche Außenhandelsbilanz zum Nachteil der Peripherien angewiesen. Das prangert sogar der IWF an.[36] Diese Situation des Exportüberschusses und der Abhängigkeit von hoher Nachfrage in den Exportmärkten prägen seit Mitte der 1970er Jahre immer stärker das Modell der deutschen Volkswirtschaft. Rebecca Harding beschrieb dieses Modell, das der immer weiteren Integration der Märkte der EU bedarf, folgendermaßen: »Während deutsche Exporte steigen, bleibt die Binnennachfrage gering, was Wachstum durch steigende Nachfrage oder mehr Arbeitsplätze verhindert«.[37] Oder anders ausgedrückt: durch das Drücken von Löhnen, das Zurückhalten öffentlicher Investitionen und niedrige Unternehmenssteuern wird die Binnennachfrage in Deutschland künstlich niedrig gehalten. Zeitgleich bleiben so die Lohnstückkosten niedrig, was die internationale Wettbewerbsfähigkeit deutscher Güter hochhält. Wirtschaftswachstum wird in diesem Modell vor allem durch Exporte erzeugt. Wenn Deutschland exportiert, muss allerdings wer anders importieren. Sonst geht das Spiel nicht auf. Im Kontext der EU profitiert Deutschland von einer Situation, in der die eigene Währung im Verhältnis zu den anderen Staaten im Währungsraum nicht abgewertet wird, wie es bei unausgeglichenen Handelsbilanzen wie der von Deutschland in der internationalen Wirtschaft und freien Wechselkursen der Fall wäre. Das führt dazu, dass die Preise für Güter, die Deutschland exportiert, im europäischem Ausland konstant bleiben, anstatt zu steigen, was die Nachteile eines exportgetriebenen Wachstumsmodells für Deutschland vollkommen ausgleicht. Das bedeutet aber auch, dass die anderen Staaten der Währungsunion, von denen vor allem Südeuropas Nettoimporteure sind, ihre negativen Handelsbilanzen anderweitig, etwa durch die Aufnahme von Schulden, ausgleichen müssen.[38] Deutschland trägt also ganz praktisch zur Überschuldung der Peripherien Europas bei. Von eigenständiger Entwicklung Deutschlands kann hier keine Rede sein. Sie findet auf Kosten anderer statt.

Diese Konstellation hat die Peripherien Europas in eine ökonomisch äußerst nachteilige Position gebracht. Deutschland bedient sich im Kontext der EU gegenüber Südeuropa ähnlicher Instrumente, wie sie auch auf der globalen Ebene zwischen Zentrum und Peripherie aufgrund der Abhängigkeiten von Importen und Schulden bestehen. Von dieser ökonomisch äußerst nachteiligen Position der Peripherien Europas profitiert zumindest ein Teil der deutschen Volkswirtschaft enorm. Richtig, nur ein Teil. Für den Großteil der arbeitenden Klassen in Deutschland fällt die Bilanz des deutschen Wirtschaftsmodells moderat bis beschissen aus. Denn: Für rund

40% der Bevölkerung waren 2016 die Reallöhne in Deutschland geringer als noch in den frühen 1990er Jahren. Zwar rentiert sich das deutsche Modell für einen Teil der arbeitenden Klasse, aber durch die so-genannte Dualisierungsstrategie wird dieser Anteil niedrig gehalten. Diese seit Mitte der 1990er Jahre gefahrene Strategie trennt den Arbeitsmarkt in reguläre und atypische Beschäftigungsverhältnisse, wobei immer weitere Teile des Produktionsprozesses an Sub-Sub-Sub-Sub-Sub-Unternehmen ausgelagert werden, in denen weder Tarifverträge noch sonst irgendwelche durch die Gewerkschaften erstrittenen Errungenschaften realisiert werden. Von einer Beteiligung an den Früchten des industriellen Profits kommt bei den ausgebeuteten Reinigungskräften in Scheinselbstständigkeit natürlich rein gar nichts an.[39]

Doch auch für die Peripherien Europas ist das Wirtschaftsmodell ein Problem. Das liegt vor allem an der hegemonialen Position, die deutsche Interessen und vor allem an deutschen Interessen orientierte Wirtschaftspolitik, in der EU spielen.[40] Diese Dominanz war während der Eurokrise stark ausgeprägt, als die Peripherien der EU, am medienwirksamsten vollzogen im Fall Griechenlands, unter die Ägide des Spardiktats gestellt wurden. Die Rezeptur ist exakt dieselbe, wie der IWF sie sonst im Globalen Süden einsetzt. Zeitgleich palaverte die deutsche Presse von den »Pleitegriechen« [41], denen man nachsagte selbst an der Situation einer negativen Handelsbilanz, finanziert durch hohe Staatsschulden, auch moralisch schuld zu sein. Dass diese Position von Griechenland und anderen Staaten Südeuropas strukturell notwendiges Element des Erfolgs der deutschen Wirtschaft in der EU ist, interessierte im dominanten deutschen Diskurs niemanden. Dass am Ende nur 9,7 Milliarden Euro der Rettungspakete für Griechenland für reguläre Ausgaben des Staates genutzt wurden, während die restlichen 206,2 Milliarden für die Rückzahlung von Schulden, mehrheitlich gehalten von deutschen institutionellen Anlegern, draufgingen, passt gut in die Storyline.[42]

Deutschland kam also nicht aufgrund irgendeiner Form von Wunder oder höherer Macht gut durch die Eurokrise, sondern weil die oberen Klassen Deutschlands auf Kosten der Peripherien Europas und der unteren Klassen in Deutschland von der Position Deutschlands in der EU profitieren. Auch jenseits des Euro-Raumes profitiert Deutschland von der Position in der EU. Denn die Gemeinschaftswährung Euro verändert sich im Wechselkursverhältnisses nicht so stark, wie dies bei einer eigenständigen Währung Deutschlands der Fall wäre, sondern bloß im Verhältnis zu der Gesamt-Außenhandelsbilanz des Währungsraums. Deswegen sind die deutschen Exporte auf dem globalen Markt wesentlich günstiger als sie es eigentlich bei freien Wechselkursen wären, was die importierenden Staaten zur Aufnahme von Schulden zwingt. Die Exporte der anderen EU-Staaten, vor allem der Peripherie, sind am internationalen Markt außerhalb des Währungsraums deswegen weniger konkurrenzfähig.

Aber aus deutsch-volkswirtschaftlicher Perspektive klingt das doch eigentlich alles sehr beeindruckend, mögen vielleicht so manche pragmatische Betrachter:innen sagen. Wieso um alles in der Welt droht die deutsche Wirtschaft denn dann bei jedem Hauch von Rezession zu kollabieren und wieder zum Kranken Mann Europas degradiert zu werden? Die Erklärung ist recht simpel: exportgetriebene Wirtschaftsmodelle sind wesentlich stärker abhängig von den Schwankungen der globalen Konjunktur und des Welthandels. Das deutsche Entwicklungsmodell funktioniert logischerweise nur dann, wenn die Exporte auch einen Absatzmarkt finden. Wenn die deutschen Waren nicht abgenommen werden, fehlt der deutschen Wirtschaft das Einkommen. Denn: die Binnennachfrage wird ja, wir erinnern uns, durch das Drücken von Löhnen und niedrig gehaltenen Investitionen, klein gehalten. Diese kann also nicht die internationale Nachfrage ersetzen, da wäre auch die zwanzigste Abwrackprämie nichts als einen Tropfen auf den heißen Stein und ungeeignet, um ein unnachhaltiges Wirtschaftsmodell zu retten.

Von Bullshit-Gelaber zu richtiger Praxis

Deutschland befindet sich also in einer etwas absurd anmutenden Situationen. Global betrachtet gilt Deutschland sowohl im Anbetracht des historischen Wirtschaftswunders wie auch der heutigen massiven Produktion für den Export als unumstößliche Wirtschaftsmacht. Es gilt als Wunderkind der wirtschaftlichen Entwicklung durch den Markt. Doch letzten Endes basierte das historische Wachstum Nachkriegsdeutschland nicht auf Magie, sondern vor allem auf gescheiterter Entnazifizierung und einer Schuldenstreichung. Das heute relativ hohe Bruttoinlandsprodukt ist wiederum vor allem Ergebnis einer strukturell vorteilhaften Position in der EU, die auf Kosten der unteren Klassen in Deutschland und den Peripherien Europas geht. Ebenso profitiert Deutschland vom Export in die globalen Peripherien, also die Staaten des Südens. Das Gelaber von der deutschen Schaffenskraft ist ein Bullshit-Diskurs.

Aus alledem folgen für das Anliegen dieses Buches vor allem zwei Dinge: 1.) Schuldenstreichungen auch im großen Umfang sind, rein technisch betrachtet, absolut möglich und haben potenziell weitreichende Effekte. 2.) Es gibt global wohl keinen Staat der besser geeignet wäre, für Schuldenstreichungen einzutreten, als Deutschland. Wenn anerkannt würde, dass kein deutsches Wunder, sondern eine international organisierte Schuldenstreichung in einem kritischen Zeitpunkt die fiskalische Handlungsfähigkeit wieder hergestellt hat und so zumindest kurzfristig den Weg in die Prosperität geebnet hat, dann ließe sich wunderbar für die Streichung von Schulden werben. Denn die Wiederherstellung von Binnennachfrage durch eine besser finanzierte öffentliche Daseinsvorsorge wäre auch heute für viele Staaten und Menschen ein Segen. Statt Bullshit-Diskurse über angebliche Wunder zu pflegen, könnte das Besinnen auf die eigene Geschichte und die Rolle der Streichung von Schulden Deutschland tatsächlich in eine starke argumentative Position bringen. Von dieser ausgehend ließe sich für die Streichung der Schulden des Südens eintreten.

Die Politische Gemengelage

In den bisherigen Kapiteln ist hoffentlich eines klar geworden: Das Schuldensystem steht im Zentrum der Produktion von Armut, der globalen Ausbeutung und der Klimazerstörung. Die mächtigen Staaten des Globalen Nordens nutzen das System in Kontinuität eines Machtverhältnisses aus dem Kolonialismus, um ihre wirtschaftlichen Interessen durchzusetzen. Diese Form der Nutzung und Abhängigkeit im Schuldensystem ist einer der stärksten Treiber der aktuellen Form der Rohstoffproduktion und -nutzung und trägt einen erheblichen Teil zur Klimakatastrophe bei. Um zu einer Überwindung dieses Systems zu kommen, ist ein erster Schritt, neben umfassenden Reformen in der Architektur der internationalen Ökonomie, eine umfassende, bedingungslose Schuldenstreichung für den Globalen Süden. Deutschlands wirtschaftliche und politische Machtposition baut maßgeblich auf einer Schuldenstreichung auf und zeigt damit sowohl die Umsetzbarkeit wie auch die immensen Ausmaße der Potenziale. Bisher haben wir uns nur am Rande zur Umsetzung und Kritiken an der Forderung geäußert. Das ist nun die verbleibende Aufgabe in diesem letzten Kapitel.

Wir schauen uns im Folgenden die Wege der Umsetzung an: Vom idealen Wunschkonzert bis zur tatsächlichen, harten Arbeit der Bewegungen. Wir zeigen: Die Bewegungen um Schuldenstreichungen können das bieten, was ökologische Bewegungen schon lange suchen: Eine direkte Schnittstelle zu sozialen Kämpfen. Danach richten wir den Blick auf die Umsetzung in Deutschland: Wer sollte hier ein Interesse an Schuldenstreichungen haben? Abschließend antworten wir auf zwei übliche Kritiken an der Forderung nach Schuldenstreichung für den Globalen Süden: Profitieren davon nicht nur korrupte Regierungen? Und ist das Bild vom Konflikt »Der Globale Norden gegen den Globalen Süden« nicht im Angesicht neuer geopolitischer Entwicklungen völlig veraltet?

Wunschkonzert und harte Arbeit

Wenn wir ein Wunschkonzert spielen, klänge das so: Die deutsche Regierung unterstellt sich der Dirigentschaft Willy Brandts und nimmt die leider entleerte Rhetorik der *Nord-Süd*-Kommission Ende der 1970er Jahre ernst[1] – von einer neuen globalen Wirtschaftsordnung war dort die Rede, von einer engen Nord-Süd-Partnerschaft auf Augenhöhe. Sie würde ihre Stimmmacht in IWF und Weltbank nutzen und gemeinsam mit linken Regierungen des Globalen Südens Schuldenstreichungen und Regulierungen für den Weltmarkt vorantreiben, wie sie vom Globalen Süden Mitte der 70er Jahre, unter anderem in der 1973 durch die UN-Generalversammlung gebrachten Resolution zu einer gerechten Weltwirtschaftsordnung, der *New International Economic Order*, notiert wurden. Deutschland würde gemeinsam mit ihren Verbündeten die Chance des Erlassjahres 2025 nutzen, um diese Wende einzuleiten. Während der verschärften Wirtschaftskrise in der Corona-Pandemie entschieden sich die G20-Staaten, die Zinszahlungen für hochverschuldete Länder auszusetzen[2] – keine Maßnahme, die strukturell etwas an der Ausbeutung durch das Schuldensystem ändert. Aber das zeigt, dass einiges möglich ist, wenn der politische Wille da ist.

Wir sind natürlich nicht so naiv zu denken, dass das so von heute auf gleich passieren wird, schon gar nicht mit Regierung unter der Regentschaft eines Büttels des Kapitals par excellence, Friedrich Merz. Dabei ist es egal, ob nun Habeck oder Scholz die zweite Flöte spielen. Wenn etwas in dieser Tonlage passiert, dann vielleicht aufgeweichte Errungenschaften wie zum letzten Erlassjahr 2000.

Aber, werden die politisch ambitionierten Leser:innen sagen, politische Errungenschaften fallen natürlich weder einfach so vom Himmel, noch von der Regierungsbank. Ein Termin wie das Erlassjahr ist einer unter vielen im politischen Kalender, und keine Garantie dafür, dass irgendetwas passiert. Für Wandel braucht es harte politische Arbeit von Bewegungen. Diese waren es schließlich auch, die schon die NIEO, das Erlassjahr 2000 und überhaupt jede Errungenschaft erkämpft haben. Hoffen und appellieren reicht nicht, es braucht politische Organisierung, um Druck auszuüben.

Von IMF-Riots zu Debt for Climate: Schuldenstreichung als Scharnier

Diese harte Arbeit findet statt. Wir haben sie eingangs angeschnitten: Mutige Menschen sind schon 1989 in Venezuela in der vollen Wut der Verzweiflung und Enttäuschung über die Kehrtwende des gerade gewählten Präsidenten Carlos Andres Pérez auf die Straße gegangen, der sich entgegen seinen Versprechen dem Diktat des IWF unterwarf. Sie bildeten einen der Höhepunkte der IMF-Riots, die bis in unsere Zeit – Sri Lanka, Argentinien, Kenia, und viele mehr – hineinwirken. In Zeiten besonders übler Sparkurse, untragbarer Lebenskosten und gelungener Organisation von Seiten der Gewerkschaften, sozialen Bewegungen und den Allianzen, die die Gunst des Moments hervorbrachte, waren und sind Menschen bereit, sich der produzierten Armut im Zweifelsfall unter Einsatz ihres Lebens entgegenzustellen.

Es war eine der letzten dieser Wellen und harte Arbeit, die 2021 um die Proteste in Argentinien herum eine neue Art von globalem Bündnis hervorbrachte: Das globale Schuldensystem wurde als eine zentrale Schnittstelle identifiziert. Nicht nur als einer der zentralen Punkte, um den herum sich globale, soziale Bewegungen organisieren müssen – das tun sie seit langem. Nein, dieses Mal erreichte der Ruf nach Schuldenstreichungen, der auf den Straßen Argentiniens und andernorts erklang, auch die Ohren von Menschen, die gegen die Klimakatastrophe kämpfen. Im Jahr 2021 war das angesichts des großen Mobilisierungspotentials und der allgemein anerkannten Bedrohungslage durch die Klimakatastrophe ein großer Lichtblick für die Bewegungen um Schuldenstreichungen. Im Jahr 2025 hat dieser Lichtblick sicher einiges an Strahlkraft eingebüßt – ist doch die Klimabewegung jetzt in der Defensive. Aber der Bezug auf Schuldenstreichungen ist vielleicht gerade deshalb auch ein Lichtblick für die Klimabewegung: Zum einen ist das eine Klimamaßnahme, die sich nicht in den Diskursen von individualisierter Schuld und Verzicht verfängt. Zugespitzt ausgedrückt: Iss dein Nackensteak und setz dich dafür ein, dass Staaten im Globalen Süden nicht mehr durch Schulden zur Rohstoffproduktion gezwungen werden! Zum anderen ist es eine Forderung, die die globale Dimension der Klimakrise und anti-koloniale Kämpfe miteinbezieht – zwei Kritikpunkte, die von Aktivist:innen aus dem Globalen Süden immer wieder an der *weißen* deutschen Klimabewegung kritisiert wurden.

Das Schuldensystem und die Forderung nach einer Schuldenstreichung sahen die Bewegungen um 2021 als neuralgischen Punkt in dem Sinne, dass diese Forderung die Scharnierfunktion zwischen sozialen und ökologischen Bewegungen einnehmen könne, die unter linken Mitgliedern der ökologischen Bewegungen schon lange gesucht wird. Aber bisherige Entwicklungen zu einem gemeinsamen Kampf waren oft vereinzelt: In Deutschland verteidigten etwa Klimaaktivist:innen und Arbeiter:innen gemeinsam ein Bosch-Werk für Diesel- und Benzinmotoren und forderten statt einer Schließung die Umstellung der Produktion auf klimafreundliche Produkte[3]. In Kolumbien gingen Klimaaktivist:innen mit Öl- und Gasgewerkschaften gegen Fracking auf die Straße[4] – denn dort sind die Auswirkungen des Frackings unmittelbar spürbar. Ein besonders vielversprechendes Beispiel, das weiter als der Kampf um das Bosch-Werk in Deutschland geht, ist die besetzte Fabrik des Automobilzulieferers *GKN Automotive* in Campi Bisenzio, Italien: Dort wurde die Fabrik als Kampf gegen die Standortschließung mit einer konkreten Vision, die Produktion umzustellen – Teile für öffentlichen Nahverkehr, Lastenräder oder

Wasserstoff sind die Pläne – besetzt.[5] Dennoch bleibt es unklar, wie diese fragilen Bündnisse sich im Großen in gemeinsame Ziele und Kampagnen übersetzen sollen. Bei den Bündnissen, wo das absehbar ist – Klimaaktivist:innen und bei der Gewerkschaft *ver.di* organisierte Arbeiter:innen des öffentlichen Nahverkehrs –, da ist unklar, wie sich eine Dynamik für andere Teile der arbeitenden Klasse entwickeln soll. Es bleibt richtig und wichtig, diese Bündnisse aufzubauen, wo immer sie sich bieten, und wir positionieren uns klar an der Seite all dieser Versuche. Unser Punkt ist: Im Kampf für eine Schuldenstreichung ergibt sich das Bündnis auf eine sehr natürliche Art und Weise.

Eines dieser Bündnisse, in dem wir, die Autor:innen dieses Buches, aktiv sind, ist *Debt for Climate.*[6]In diesem Bündnis fanden sich Menschen aus den Amerikas, Europa, Asien und Afrika zusammen, angeführt aus dem Globalen Süden. Sie hatten angesichts der Proteste gegen den IWF in Argentinien 2021 die Schlussfolgerungen gezogen, die wir hier andeuten, und machten sich daran, ein globales Netzwerk aufzubauen – angefangen in Argentinien, Südafrika, England und Deutschland. Mittlerweile gibt es Gruppen in mehr als 30 Ländern und es kam zu mehreren globalen Aktionstagen, die soziale und ökologische Bewegungen gemeinsam auf die Straße brachten. Zumindest gilt das für den Globalen Süden: In Argentinien etwa waren die Aktionstage gleichermaßen von Gewerkschaften, sozialen, feministischen, wie auch ökologischen Bewegungen getragen.

Schuldenstreichung in Deutschland – wen juckt's?

Wie lässt sich das also im Globalen Norden reproduzieren und ausweiten? Welches Interesse könnten soziale Bewegungen und Arbeiter:innen hierzulande an einer Schuldenstreichung für Länder des Globalen Südens haben? Ist das nicht ein irrwitziger Ansatz? Haben doch die bisherigen Kapitel klargemacht, dass der Globale Norden und damit auch und vor allem Deutschland vom Schuldensystem profitieren?

Wir müssen hier klar unterscheiden: Weder vom Schuldensystem noch vom Wirtschaftsmodell Deutschland profitieren hierzulande die Mehrheiten. In Deutschland gibt es zwar sportliche Gewinne am Geschäft mit Staatsschulden, aber vor allem für institutionelle Investor:innen und andere Kapitaleigner:innen. Einerseits profitieren die privaten Institutionen wie die Deutsche Bank und Co., die groß im Schuldengeschäft stecken – auf die Rolle der privaten Schuldengeschäfte an der Produktion von Armut und Klimakatastrophe haben wir in diesem Buch nicht den Fokus gelegt, auch wenn es in Bezug auf Vermögensverwalter wie BlackRock oder im deutschen Fall der Versicherungsgesellschaft Allianz und der Deutschen Bank viel zu sagen gäbe. BlackRock war etwa gemeinsam mit HSBC, JP Morgan und UBS inmitten der COVID-19-Pandemie damit beschäftigt, Notfallkredite an Staaten des Globalen Südens zu vergeben – mit Erträgen von bis zu 250% der verliehenen Summen.[7] Von Kreditunternehmen mit Sitz in Deutschland werden mindestens 8,29 Milliarden Staatsschulden in den Staaten des Südens gehalten. Die Deutsche Bank ist nach der Citigroup der Akteur, der global am meisten an der Organisation dieser Geschäfte verdient.[8] Neben der direkten Beteiligung von in Deutschland ansässigen Finanzakteuren wollen wir aber nicht unterschlagen, dass deutsche Unternehmen aufgrund der Arisierungen im Faschismus bereits relativ früh über stark konzentriertes Kapital verfügten und im Nachgang an den Faschismus durch Beteiligungen und Fusionen weitreichende internationale Unternehmensnetzwerke aufbauten. So ist etwa die US-Amerikanische Investmentgesellschaft PIMCO, nach BlackRock der zweitgewichtigste Profiteur von Staatsschulden im Süden, zu 97% eine Tochterfirma der Allianz.[9] Über diese direkten Gewinne hinaus, profitieren von den durch das Schuldensystem geschaffenen Bedingungen für westliche Investments alle im Globalen Süden tätigen deutschen Unternehmen – also fast alle großen Unternehmen. Von der durch das Schuldensystem geschaffenen Importabhängigkeit fallen insbesondere für die großen deutschen Unternehmen – Chemie, Auto, Elektronik, et cetera – deren Geschäftsmodell wesentlich auf dem Export beruht, beträchtliche Profite ab. Und in all diesen Fällen sind es wieder und wieder vor allem die Kapitaleigner:innen, die ihren Reichtum massig vermehren – während Arbeiter:innen froh sein können, wenn der Reallohn nicht sinkt.[10]

Es ist aber nicht nur so, dass an den Profiten durch das Schuldensystem primär die Kapitaleigner:innen verdienen – das gilt letztlich für alle Profite. Das Schuldensystem hat direkten Einfluss auf den Verlust von Verhandlungsmacht der Arbeiter:innen in Deutschland und andernorts. Dieser Verlust beruht vor allem auf der verschärften globalen Standortkonkurrenz: Ihr wollt nicht für einen Hungerlohn arbeiten? Dann verlegen wir den Standort eben dorthin, wo die Menschen das notgedrungen tun. Das ist möglich, weil die G7-Staaten mit dem Schuldensystem die Bedingungen dafür schaffen: Wenn Staaten im Zuge der Schuldenspirale dazu gezwungen werden, Zölle zu senken, Arbeits- und Umweltvorschriften zu verringern und Investitionsgesetze zu ändern – dann führt das zu globalem Lohndumping und betrifft auch ganz direkt die Arbeiter:innen hierzulande.

Obwohl nur Wenige profitieren, nehmen in den aktuellen politischen Kräfteverhältnissen die Mehrheiten in Deutschland Angriffe auf das deutsche Export-Geschäftsmodell als Angriff auf ihre eigene ökonomische Lage wahr. Es gibt eine von rechts gefütterte und durch marktliberale Wirtschaftspolitik realistisch gemachte Sorge vor Wohlstandsverlust. Daran hat der sozialpartnerschaftliche Kurs der Gewerkschaften seinen Anteil – von den immer größer werdenden Bereichen der Ökonomie ganz zu schweigen, in denen gewerkschaftliche Organisation kaum mehr stattfindet und aufgrund gezielten Agierens der Arbeitgeber auch nur schwerlich stattfinden kann. Und es stimmt ja auch: Es gibt einen realen, seit der Corona-Pandemie massiven Wohlstandsverlust der arbeitenden Klasse auch in den G7-Staaten. In einem globalen Markt wird man dem aber nur mit globaler Solidarität und global organisiertem Widerstand begegnen können: Der Hungerlohn in Argentinien heute ist der Wohlstandsverlust in Deutschland morgen – und das Schuldensystem spielt darin als Ermöglichungs-Instrument für die Verlagerung von Produktionsstätten eine zentrale Rolle.

Es gibt also gute Gründe, hierzulande für eine Schuldenstreichung zu kämpfen: 1. Aus reinem Gerechtigkeitsgefühl – nüchtern betrachtet sind wir es, die dem Globalen Süden etwas schulden. 2. Aus reiner, menschlicher Solidarität. 3. Aus rationalem Überlebensinstinkt im Angesicht der Klimakatastrophe – wir wollen doch auch, dass keine Fossilen mehr gefördert und Landstriche verwüstet werden, damit unsere Landstriche in den kommenden Desastern nicht ganz so arg verwüstet werden. 4. Aus materiellem Eigeninteresse – wenn mit dem Schuldensystem global Löhne gedrückt werden, betrifft das auch uns.

Gegen das Gläubiger-Kartell: Kollektive Zahlungsverweigerung

Trotzdem halten wir im Angesicht der aktuellen politischen Lage fest: Die Bewegungen für eine Schuldenstreichung werden im Globalen Norden auf absehbare Zeit nicht durch Aufklärung und Agitation die Schlagkraft entwickeln, die nötig wäre, um ernsthaften Druck auf Regierungen auszuüben. Aber ist das denn ihre Aufgabe? Erschöpft sich die Rolle von Bewegungen darin, an Regierungen zu appellieren oder sie mit genügend materiellem Druck zum Einlenken zu zwingen? Oder noch einmal anders gefragt: Wird die Bewältigung der durch den Globalen Norden geschaffenen Katastrophen wiederum aus dem Globalen Norden kommen?

Ähnliche Gedanken haben auch Stimmen innerhalb der Bewegungen artikuliert: eine Schuldenstreichung wird laut diesen entweder kollektiv aus dem Süden organisiert zustande kommen oder gar nicht.[11] Entscheidend ist hier das Wörtchen »kollektiv«. Polit-Ökonom Jerome Roos hat in seinem bahnbrechenden Buch *Why not default?* die perfiden Mechanismen aufgeschlüsselt, die erklären, warum im Schuldensystem von IWF und Weltbank – anders als im globalen Schuldensystem davor – individuelle Zahlungsverweigerung keine reale Möglichkeit mehr sind.[12] Der Kern ist: Einem starken

Gläubiger-Kartell stehen vereinzelte Schuldner:innen gegenüber. Bisher haben sich fast alle linken Regierungen letztlich vorm Diktat von Liberalisierung und Schuldendienst beugen müssen: Sri Lanka 2024, Griechenland 2008, Venezuela 1989. Ganz anders sähe es aus, wenn dem starken Gläubiger-Kartell ein starkes Schuldner-Kartell gegenüberstünde. Das ist Teil Thomas Sankaras politischer Vision, für die er ermordet wurde, als er in die Nähe kam, sie zu realisieren.

Dafür braucht es Institutionen, in denen eine solche Zahlungsverweigerung organisiert werden könnte. Die Zeit, in der die UN große Errungenschaften zu einer gerechteren Wirtschaftsordnung organisieren könnten, ist wohl vorbei. Nach den Entwicklungen in der UN, die zum Beschluss der NIEO geführt haben, wurden unter Initiative der neuen Gruppe, die zur G7 werden sollte, die wichtigsten Entscheidungen in den Sicherheitsrat verlegt – Dort haben die mächtigen Staaten ein Vetorecht. Und sie machten sich daran, die G77 zu fragmentieren, wobei Entwicklungshilfe und Schulden eine zentrale Rolle spielten.[13] Es braucht also wohl neue Institutionen. Interessant sind hier die Initiativen zu einer NIEO 2.0 für das 21. Jahrhundert, wie sie zum Beispiel die *Progressive Internationale* 2023 in Havanna vorstellte.[14]

»Aber die korrupten Regierungen …«

Ein häufig vorgebrachtes Argument gegen die Schuldenstreichung ist: »Wenn jetzt Schulden gestrichen werden, bereichern sich daran doch korrupten Regierungen im Globalen Süden!« Es stimmt zwar, dass eine Schuldenstreichung erstmal mehr Mittel für Regierungen bedeutet, die theoretisch in die Taschen korrupter Regierungschefs fließen können oder zur gewaltsamen Unterdrückung von Minderheiten im eigenen Staat genutzt werden können (wie beispielsweise die Unterdrückung Belutschistans durch Pakistan) – und genauso ist es wahr, dass der Einfluss durch die Zusammenarbeit lokaler Eliten mit westlichem Kapital und seinen Interessensvertreter:innen in IWF und Weltbank nicht zu unterschätzen ist. Letztlich wäre die neo-koloniale Machtausübung ohne sie nicht möglich, wie auch schon der koloniale Sklav:innenhandel auf Kollaborateure vor Ort angewiesen war.

Genau aus diesem Grund aber sind es nicht die rechten und konservativen Regierungen im Globalen Süden, die ein ernsthaftes Interesse an Schuldenstreichungen haben. Wir müssen das Argument also drehen. Denn: Es sind gerade die Schulden mit besonders hohen Zinsen und die ewige Schuldenspirale, mit denen Geld in korrupte Hände verschleudert wird. Der riesige IWF-Kredit für Argentinien 2018 unter dem rechten Mauricio Macri, mit dem die Kapitalflucht seiner Freunde in der Finanzindustrie finanziert wurde, steht dafür beispielhaft. Er steht in einer langen Tradition der Unterstützung des IWF für korrupte Regierungen und Diktaturen: Unter der demokratisch gewählten, linken Regierung Salvador Allendes in Chile vergab der IWF keine Kredite mehr nach Chile, um dann mit der Militärdiktatur Augusto Pinochets wieder voll ins Geschäft einzusteigen. Kredite nach Brasilien vergab er erst in nennenswertem Umfang nach dem Putsch der Militärregierung. In Zaire (heute Demokratische Republik Kongo) stiegen die Auszahlungen vom IWF und der Weltbank unter dem Diktator Mobutu Sese Seko – sogar noch einmal intensiver nachdem der ehemalige IWF-Mitarbeiter Erwin Blumenthal einen Bericht veröffentlicht hatte, in dem er warnte, dass unter Mobutu nicht mit Rückzahlungen zu rechnen sei.[15] Gegen Ende seines Lebens hatte Mobutu schließlich ein Vermögen von 8 Milliarden US-Dollar angehäuft, was einem Drittel der Schulden des Staates Zaire entsprach.[16] Dass Schulden Regierungen in der Unterdrückung von Minderheiten unterstützen können, zeigt der Fall von Südafrika. Trotz Anweisungen der UN, das Apartheid-Regime in Südafrika nicht zu unterstützen, finanzierte die Weltbank im Zeitraum von 1958 bis 1968 Infrastrukturprojekte in Südafrika, die nur für *Weiße* vorgesehen waren und somit das Apartheid-Regime erweiterte. Der IWF vergab in den 1970ern Kredite in Höhe von 2 Milliarden US-Dollar an das Apartheid-Regime.[17]

Es sind also die Kredite und nicht die Schuldenstreichungen, die korrupten und menschenfeindlichen Regierungen in die Hände spielen. Und wenn die Bewegungen an einen Punkt kommen, an dem Schuldenstreichungen und/oder kollektive Zahlungsverweigerungen möglich werden – dann sind sie eben das: breite *Bewegungen*, die bei der Verwendung der freigewordenen Mittel ein Wörtchen mitzureden haben.

Schuldenstreichung als Kleister von Solidarität

Wenn das realistische Ziel der Bewegungen um die Schuldenstreichung also in der Organisation kollektiver Zahlungsverweigerung – oder besser: Selbstermächtigung – besteht, dann ist die Rolle der Bewegungen im Globalen Norden, in den Zentren der Macht, die Stimmen der Bewegungen im Globalen Süden hörbar zu machen, an ihrer Seite zu stehen und ihre Errungenschaften zu verteidigen. Denn auch wenn bei einer kollektiven Zahlungsverweigerung der Machthebel im Süden liegt, gibt es immer noch vom Norden dominierte Institutionen, die Sanktionen verhängen können – in Form eines Versuchs der Isolierung der zahlungsverweigernden Staaten im globalen Wirtschafts- und Finanzsystem – sowie die Möglichkeit eines militärischen Einschreitens des Globalen Nordens. Schließlich wurden schon Ägypten und Tunesien 1881 und 1882 unter dem Vorwand der Schuldeneintreibung kolonisiert.[18] Das würden dann *unsere* Regierungen machen. Es braucht also auch jetzt schon eine Organisierung, damit Menschen *hier* in breiten Bündnissen auf die Straße gehen, um deutlich zu machen: Die Zahlungsverweigerung ist gerechtfertigt, die Sanktionen nicht. Und genau dafür bietet das Erlassjahr 2025 mit Allianzen fernab der üblichen Kreise sozialer und ökologischer Bewegungen Handlungsfelder.

In der aktuellen Konjunktur und der Verrohung des Diskurses stehen die Zeichen aber auf Abschottung und Ellenbogen, statt auf globaler Solidarität. Der neu-rechte Diskurs »Deutschland schafft sich ab« impliziert ja schon »Make Schland Great Again«. Es schließen sich derzeit die »Abschottung und Ellenbogen«-Fraktionen zu neuen geopolitischen Blöcken zusammen – die hyper-marktliberal-Autoritären um Donald Trump, Elon Musk, Javier Milei, die Klerikal-Faschisten um Wladimir Putin und Ali Chamenei, die Autoritären um Xi Jinping – die Liste des Horrors geht immer weiter. Damit sind wir bei einer weiteren Kritik an Schuldenstreichungen: »Euer Bild von Globalem Norden gegen Globalen Süden, vom Westen gegen den Rest, ist völlig veraltet. Wir leben heute zunehmend in einer multipolaren Welt – in der euer anti-westliches Narrativ von neuen Faschisten instrumentalisiert wird; man denke nur an Russlands ›anti-koloniale‹, Einfluss in Afrika! Und in Bezug auf Kredite ist heute doch vor allem auch China ein wichtiger Akteur zumindest in Afrika.«

Alles daran stimmt – außer die implizite Botschaft. Die ist ähnlich zu dem Bezug auf China im Klimadiskurs: Dort heißt es »Klimamaßnahmen hierzulande bringen doch nichts, solange China nichts tut!« – hier heißt es »Schuldenstreichungen von unserer Seite bringen doch nichts, solange China nicht mitzieht!« Eine bequeme Verschiebung von Verantwortung. In diesem Diskurs steckt aber auch die implizite Botschaft: »Nun ist mal gut mit Kritik am Westen, wir müssen jetzt zusammenstehen gegen viel bedrohlichere Feinde.« Und das scheint uns ein verheerender Fehlschluss zu sein. Denn was es stattdessen bräuchte, ist eine tatsächliche Alternative zu den neurechten Blöcken und dem alt-rechten Westen. Es ist doch völlig klar, dass die Katastrophen von Klimakollaps bis zu neuem geopolitischem Blockkonflikt nicht »im Alleingang«, was auch immer das sein soll, bewältigt werden können. Wenn dieser Tage so viel von »Europa« die Rede ist, das zusammenstehen müsse, um nicht zum Spielball im Konflikt zwischen den USA und den BRICS-Staaten zu werden, und zugleich russischer und chinesischer Einfluss im Globalen Süden beklagt wird – dann könnten wir das Gedankenspiel doch einmal ernst nehmen. Was es bräuchte, ist eine runderneuerte und handlungsfähige »Non-Alignment Movement«. Und warum soll Unterstützung dafür nicht von einem Europa kommen, das sich erneuern möchte?

Meinte man es ernst mit »neuem« Europa und »Partnerschaften auf Augenhöhe« – Schuldenstreichungen ständen ganz oben auf der Liste.

Wenn der reine Überlebenswille im Angesicht der Klimakatastrophe, die glasklare Lage in Bezug auf Gerechtigkeit und generelle menschliche Solidarität im Angesicht von Elend also nicht ausreichen: Wir leben in einer globalen Welt. Ja, »wir«, die Menschen auf dem Territorium der BRD. Ihr und Sie, die gerade dieses Buch zu Ende gelesen haben, genauso wie wir. Die sich überschlagenden Krisen unserer Zeit sind global: Krieg, Faschismus, Klimakatastrophe – und ja, auch wir werden untergehen, wenn wir diesen Krisen nicht global begegnen. Um eine Chance zu haben, in ihnen zu bestehen, braucht es Allianzen echter Solidarität, die im aktuellen Blockkonflikt unmöglich scheinen – höchste Zeit, in den Bewegungen für Schuldenstreichungen und daruber hinaus an ihnen zu arbeiten.

Danksagungen

Dieses Buch ist als Teil unserer politischen Arbeit entstanden und ohne diese nicht denkbar. Dementsprechend ist auch das Wissen, auf das wir uns hier berufen, kollektiv entstanden und Bewegungswissen. Insbesondere haben wir aus der Bewegung heraus Unterstützung der Recherchegruppe von Debt for Climate bekommen. Darüber hinaus möchten wir uns ganz besonders für die zahlreichen hilfreichen Kommentare und das umfangreiche Feedback von Katharina Kuhn und Louise Wagner bedanken. Alassane Ba hat uns mit ihrem spezifischen Wissen über das Greater Tortue Ahmeyim Gasprojekt unterstützt. Dieses Buch wäre außerdem ohne unseren Redakteur Zachary Gallant völlig undenkbar gewesen, der uns mit seinem Zuspruch und seiner kompetenten Unterstützung durch einen irrwitzigen Zeitplan getragen hat (#FuckAllianz). Ein weiterer Dank gebührt Emil Fadel für das gründliche Lektorat und Lothar Weller für seinen Support. Trotz ihrer Unterstützung übernehmen wir Verantwortung für mögliche verbleibende Fehler. Der größte Fehler ist und bleibt aber das Schuldensystem.

Anmerkungen

Kämpfe für Schuldenstreichung

1 https://www.youtube.com/watch?v=mn6HRKvqiNk
2 https://jacobin.com/2021/06/debt-crisis-global-south-poverty-unemployment-working-class
3 Walton, John; Seddon, David: Free markets & food riots: the politics of global adjustment. Oxford, 1994.
4 Hickel, Jason: The Divide. A Brief Guide to Global Inequality and its Solutions. London, 2017
5 Eigene Berechnungen basieren auf Daten von Weltbank International Debt Statistics.
6 Roos, Jerom: Why not Default? The Political Economy of Sovereign Debt. Princeton, 2019.
7 Walton, John; Seddon, David: Free markets & food riots: the politics of global adjustment. Oxford, 1994.
8 https://www.theguardian.com/business/2001/apr/29/business.mbas
9 Moosa, Imad A.; Moosa, Nisreen: Eliminating the IMF: An Analysis of the Debate to Keep, Reform, or Abolish the Fund. Cham, 2019. S. 100 ff.
10 https://repositorio.cepal.org/server/api/core/bitstreams/c5dece7d-da0e-456f-8aa7-8b6da7d3e762/content
11 https://www.cadtm.org/Fidel-Castro-the-debt-is-unpayable
12 https://progressive.international/wire/2021-02-26-thomas-sankara-a-united-front-against-debt/en
13 https://www.abc.net.au/news/2005-02-05/mandela-tells-rich-nations-to-cancel-african-debt/631478
14 https://debtjustice.org.uk/wp-content/uploads/2023/09/The-colonial-roots-of-global-south-debt.pdf
15 https://maria-frieden-krefeld.de/?view=article&id=364:warum-alle-25-jahre-ein-heiliges-jahr-stattfindet&catid=8
16 https://www.advocacyinternational.co.uk/featured-project/jubilee-2000
17 https://ieg.worldbankgroup.org/sites/default/files/Data/reports/hipc_oed_review.pdf
18 Moosa, Imad A.; Moosa, Nisreen: Eliminating the IMF: An Analysis of the Debate to Keep, Reform, or Abolish the Fund. Cham, 2019. S. 100 ff.

19 https://www.lebenshaus-alb.de/magazin/002711.html
20 https://www.cadtm.org/The-World-Bank-did-not-Foresee-the-Arab-Spring-Popular-Uprisings-and-still
21 https://erlassjahr.de/wordpress/wp-content/uploads/2024/04/SR24-online-final.pdf
22 https://www.weforum.org/stories/2024/09/global-debt-crisis-development-chief-economy/
23 Eigene Berechnungen, Daten von World Bank International Debt Statistics.
24 Eigene Berechnungen, Daten von World Bank International Debt Statistics.
25 https://debtjustice.org.uk/countries-in-crisis
26 https://mofep.gov.gh/press-release/2022-12-19/suspension-of-payments-on-selected-external-debts-of-the-government-of-ghana
27 https://www.ft.com/content/35c58b5f-f890-4390-967a-28c0a0a1fb50
28 https://www.ft.com/content/0e02eef2-8482-4caa-9b3d-3ccda19b041a
29 https://gh.bmj.com/content/8/2/e011620
30 Eigene Berechnungen, Daten von World Health Organization Global Health Expenditure Database.
31 https://www.ib.barclays/our-insights/3-point-perspective/costs-of-the-green-transition.html
32 https://www.bundeshaushalt.de/DE/Bundeshaushalt-digital/bundeshaushalt-digital.html
33 https://www.dandc.eu/en/article/many-high-income-countries-are-failing-meet-their-climate-finance-commitments
34 https://onlinelibrary.wiley.com/doi/full/10.1111/rego.12530
35 https://www.vaticannews.va/en/pope/news/2024-06/pope-global-south-debt-crisis-forgiveness-cancel-foreign.html
36 https://www.vaticannews.va/en/church/news/2024-07/african-faith-leaders-join-pleas-for-jubilee-debt-forgiveness.html
37 Bauriedl, Sybille: Deutscher Kolonialismus. Bedingungen ungleicher Entwicklung in Vergangenheit und Gegenwart, in: *Geographische Rundschau*, 2019, S. 2–9 und Nkrumah, Kwame: Neo-Colonialism. The Last stage of Imperialism. New York, 1965.
38 https://www.deutschlandfunkkultur.de/vergangenheitsbewaeltigung-wir-sind-erinnerungsweltmeister-100.html
39 Feldmann, Deborah: Judenfetisch. München, 2023.
40 https://jacobin.de/artikel/antisemitismus-antideutsche-moshe-zuckermann-judith-butler

Fortführung des Kolonialismus

1 https://www.sciencedirect.com/science/article/pii/S0277379118307261

2 https://www.theguardian.com/us-news/article/2024/jun/15/sao-tome-principe-excavation-slavery
3 https://www.slavevoyages.org/voyage/essays#interpretation/overview-trans-atlantic-slave-trade/early-slaving-voyages/3/en/
4 https://www.bpb.de/themen/kolonialismus-imperialismus/postkolonia lismus-und-globalgeschichte/231933/globale-geld-und-warenstroeme/
5 Hall, Rebecca, and Hugo Martínez: Wake: The Hidden History of Women-Led Slave Revolts. New York, 2021.
6 Hall, Rebecca, and Hugo Martínez: Wake: The Hidden History of Women-Led Slave Revolts. New York, 2021.
7 https://www.youtube.com/watch?v=Bp0AyAy32uk&t=305s
8 https://www.aljazeera.com/news/2024/7/7/why-are-kenyans-angry-with-the-imf?traffic_source=rss
9 https://www.jacobin.de/artikel/kenia-proteste-parlament-iwf-steuerre form
10 https://wir2022.wid.world/www-site/uploads/2022/01/Summary_Worl dInequalityReport2022_English.pdf
11 https://www.who.int/publications/m/item/the-state-of-food-security-and-nutrition-in-the-world-2024
12 Hickel, Jason: The Divide. A Brief Guide to Global Inequality and its Solutions. London, 2017.
13 https://www.bmz.de/de/aktuelles/aktuelle-meldungen/schulze-treibt-weltbank-reform-und-sahel-kooperation-voran-154236
14 https://www.bmz.de/de/laender/senegal
15 https://www.bmz.de/de/aktuelles/aktuelle-meldungen/schulze-treibt-weltbank-reform-und-sahel-kooperation-voran-154236
16 https://www.deutschland.de/de/topic/politik/sahel-allianz-deutschland-hilft-krisenregion
17 https://www.bmz.de/de/themen/sahel-plus-initiative
18 https://www.deutschland.de/de/topic/politik/sahel-allianz-deutschland-hilft-krisenregion
19 Baghery, Nina, und Aram Ziai: Entwicklungspolitik: Geschichte, Kritik und Alternativen, in *»Entwicklung« als Paradigma*, 2023, S. 49–76.
20 https://nbn-resolving.org/urn:nbn:de:0168-ssoar-97076-7
21 https://www.bmz.de/de/aktuelles/reden/ministerin-svenja-schulze/gastbeitrag-schulze-sahel-frankfurter-rundschau-205566
22 Rodney, Walter: Wie Europa Afrika unterentwickelte. Berlin, 2023.
23 Siehe z.B. https://schmid.welt.de/2021/02/26/der-holocaust-war-singu laer-das-bestreiten-inzwischen-nicht-nur-rechtsradikale/
24 Rothberg, Michael: Multidirektionale Erinnerung: Holocaustgedenken im Zeitalter der Dekolonisierung. Sonderausgabe für die Bundeszentrale für politische Bildung. Bonn, 2021.
25 https://www.fr.de/kultur/gesellschaft/naomi-klein-ueber-antisemitis mus-die-deutsche-erinnerungskultur-hat-eine-eingefrorene-quali taet-92760872.html

26 Todzi, Kim S.: Unternehmen Weltaneignung: der Woermann-Konzern und der deutsche Kolonialismus 1837–1916. Göttingen, 2023.
27 https://www.deutschlandfunk.de/flensburger-kolonialgeschichte-viel-rum-wenig-ehre-100.html
28 https://taz.de/Glueckstadt-im-17-Jahrhundert/!6002838/
29 Todzi, Kim S.: Unternehmen Weltaneignung: der Woermann-Konzern und der deutsche Kolonialismus 1837–1916. Göttingen, 2023.
30 Bauriedl, Sybille: Deutscher Kolonialismus. Bedingungen ungleicher Entwicklung in Vergangenheit und Gegenwart, in: *Geographische Rundschau*. 2019, S. 2–9.
31 https://genocide-namibia.net/
32 Riel, Aert van: Der verschwiegene Völkermord: deutsche Kolonialverbrechen in Ostafrika und ihre Folgen. Köln, 2023.
33 Bauriedl, Sybille: Deutscher Kolonialismus. Bedingungen ungleicher Entwicklung in Vergangenheit und Gegenwart, in: *Geographische Rundschau*. 2019, S. 2–9.
34 https://www.tagesschau.de/ausland/afrika/deutschland-kolonialverbrechen-namibia-101.html
35 Bauriedl, Sybille: Deutscher Kolonialismus. Bedingungen ungleicher Entwicklung in Vergangenheit und Gegenwart, in: *Geographische Rundschau*. 2019, S. 2–9.
36 https://www.medico.de/blog/wasserstoff-aus-der-wueste-19576
37 https://www.marxists.org/archive/sankara/1987/july/29.htm
38 https://canada-haiti.ca/sites/default/files/Haiti,%20France%20and%20the%20Independence%20Debt%20of%201825_0.pdf
39 https://canada-haiti.ca/sites/default/files/Haiti,%20France%20and%20the%20Independence%20Debt%20of%201825_0.pdf
40 https://theconversation.com/when-france-extorted-haiti-the-greatest-heist-in-history-137949
41 https://canada-haiti.ca/content/did-he-jump-or-was-he-pushed-aristide-and-2004-coup-haiti
42 https://www.cadtm.org/Reply-to-the-letter-by-Philippe-King-of-the-Belgians-about-Belgium-s#with_the_world_bank_aiding_and_abetting_belgium_forced_the_congolese_people_to_pay_a_debt_that_had_been_used_for_their_colonial_exploitation
43 https://debtjustice.org.uk/wp-content/uploads/2023/09/The-colonial-roots-of-global-south-debt.pdf
44 https://openknowledge.fao.org/server/api/core/bitstreams/6700aa30-5ee8-4a5a-9852-fda2f7905604/content
45 https://erlassjahr.de/wordpress/wp-content/uploads/2023/04/SR23-online.pdf
46 https://www.sciencedirect.com/science/article/pii/S0022199622000368
47 https://makronom.de/geldpolitik-in-ungleichen-zeiten-47784
48 https://apps.who.int/nha/database/ViewData/Indicators/en
49 Eigene Berechnungen basieren auf Daten von Weltbank International Debt Statistics und Weltbank World Development Indicators.

50 Eigene Berechnungen basieren auf Daten von Weltbank International Debt Statistics und Weltbank World Development Indicators.
51 https://www.ft.com/content/0e1be993-90e1-4477-9c29-41400c0d1c98
52 Hickel, Jason: The Divide. A Brief Guide to Global Inequality and its Solutions. London, 2017
53 Teile dieses Absatz sind aus https://www.nd-aktuell.de/artikel/1182952.g-geschichte-der-g-das-imperium-schlaegt-zurueck.html?sstr=das|imperium|schl%C3%A4gt|zur%C3%BCck übernommen
54 Engel, Charles, und JungJae Park: Debauchery and Original Sin: The Currency Composition of Sovereign Debt, in: *Journal of the European Economic Association* 20(3). 2022, S. 1095–1144.
55 Hickel, Jason: The Divide. A Brief Guide to Global Inequality and its Solutions. London, 2017
56 Millet, Damien, Eric Toussaint, Vicki Briault Manus, and Gabrielle Roche: Who Owes Who? 50 Questions about World Debt. London, 2004
57 Hickel, Jason: The Divide. A Brief Guide to Global Inequality and its Solutions. London, 2017
58 https://www.actionaidusa.org/wp-content/uploads/2018/03/Background-note.pdf
59 Hickel, Jason: The Divide. A Brief Guide to Global Inequality and its Solutions. London, 2017

Treiber der Klimakatastrophe

1 https://www.bundesregierung.de/breg-de/aktuelles/pressekonferenz-von-bundeskanzler-scholz-mit-praesident-sall-am-22-mai-2022-in-dakar-2042350
2 Im Koalitionsvertrag der Ampel von 2021 heißt es, Deutschland solle zum »Leitmarkt« für allerlei »grüne« Technologien werden (https://www.bundesregierung.de/breg-de/aktuelles/koalitionsvertrag-2021-1990800). Und das ist mitnichten nur die FDP, die sich hier durchgesetzt hat. Diese Sprache sprechen die Grünen, die mindestens seit ihres Bundesprogramms 2017 (https://cms.gruene.de/uploads/assets/BUENDNIS_90_DIE_GRUENEN_Bundestagswahlprogramm_2017_barrierefrei.pdf) darum bemüht sind, die Bekämpfung der Klimakatastrophe als riesige Chance für die deutsche Wirtschaft zu verkaufen. In diesem Sinne nannte eine Sprecherin des Bundesvorstands gegenüber dem SWR im Dezember 2021 die Strategie »aktive Klima-Außenpolitik, die etwa Technologiesprünge, insbesondere in Schwellen- und Entwicklungsländern, ermögliche« (Der Artikel ist leider online nicht mehr zugänglich).
3 Dieser Teil der deutschen »Energiewende« wird auch als »Energieimperialismus« verhandelt, vgl. die Serie von Peter Schadt und Nathan Weis in der *konkret* (12/22, 1/23, 4/23).

4 https://www.welt.de/debatte/kommentare/plus231236389/Umweltpolitik-Der-deutsche-Alleingang-im-Klimaschutz-ist-sinnlos.html

5 Laut dem Verband der Chemischen Industrie lag der Anteil des Erdgasverbrauchs der chemischen Industrie 2022 bei 12,5% des Gesamtverbrauchs der BRD: VCI: Energiestatistik Gesamt 2022.

6 https://www.g7germany.de/resource/blob/974430/2059932/ea93246b5d88fc4acefadffa93d4918d/kommuniqu%C3%A9-g7-arbeitsuebersetzung-data.pdf?download=1

7 https://www.actionaidusa.org/wp-content/uploads/2021/08/IMF-x-climate-FINAL-1.pdf

8 https://academic.oup.com/ser/article/22/4/1637/7615465

9 Agajelu, Abuoma C. & Aniefiok-Hanson & Idara C.: The international monetary fund and Senegal relations from 1979–2004, in: *Preorcjah* 3 (2), 2018, S. 78–99. S. 84.

10 So übersetzen wir hier etwas grob die »exports of goods, services and primary income«(wobei letzteres Mehrwertsteuer etc. enthält), die sich in den Statistiken der Weltbank findet.

11 Zahlen hier und im Folgenden, wenn nicht anders angegeben, aus den *World Development Indicators* der Weltbank.

12 Dembélé, Dembe M.: Debt and Destruction in Senegal. A study of twenty years of IMF and World Bank policies, London, 2003.

13 Démbéle, Demba M.: The International Monetary Fund and World Bank in Africa: A ›disastrous‹ record, in: *International Journal of Health Services* 35 (2), 2005, 389–398. S. 392.

14 Kingston, Christina S. et al.: The Impacts of the World Bank and IMF Structural Adjustment Programmes on Africa: The Case Study of Cote D'Ivoire, Senegal, Uganda, and Zimbabwe, in: *Sacha Journal of Policy and Strategic Studies* 1 (2), 2011, S. 110–130. S. 120.

15 Odah, John: »The Impact of Structural Adjustment Programmes on West Africa: The Die is Cast!«, in: *International Union Rights* 24 (1), 2017, S. 22–23. S. 22.

16 Kredit »1323-SE« vom 31.03.1983.

17 https://www.bp.com/en/global/corporate/news-and-insights/press-releases/bp-agrees-deal-with-kosmos-energy.html

18 https://www.bbc.com/afrique/region-48501301

19 https://www.rfi.fr/fr/afrique/20190622-petrole-gaz-senegal-manifestation-transparence-justice-sall

20 https://www.imf.org/~/media/Files/Publications/CR/2020/English/1SENEA2020001.ashx

21 Vgl. Auty, Richard M.: Sustaining Development in Mineral Economies: The Resource Curse Thesis. London, 1993.

22 So zum Beispiel Ibrahima Bachir Dramé, der im Senegal die Öffentlichkeitsarbeit von PETROSAN leitet, im Deutschlandfunk: https://www.deutschlandfunkkultur.de/gasfoerderung-im-senegal-fossile-brennstoffe-fuer-europa-dlf-kultur-4f28433d-100.html

23 Zu den tiefen Verstrickungen der DFPs in den fossilen Sektor vgl.: https://www.brettonwoodsproject.org/wp-content/uploads/2024/04/Gambling-with-the-planets-future-WBG-DPF-final-web.pdf. Oder auch https://re-course.org/wp-content/uploads/2024/06/The-End-Game-for-Fossil-Gas-How-to-make-World-Bank-Development-Policy-Finance-align-with-the-Paris-Agreement-June-2024-1.pdf

24 https://documents1.worldbank.org/curated/en/519521501103725735/pdf/ITK425962-201706261713.pdf

25 Vgl. ebd. S. 5: »Part D. Stakeholders engagement campaign«.

26 https://www.africanews.com/2022/10/17/senegal-fishermen-fear-the-worst-from-new-gas-terminal/

27 Kreiensiek, Helena: »Überschwemmungen in Sahelzone: Senegals Kampf mit dem politischen Klimawandel«, in: *taz*, 27.10.204.

28 https://www.research.howarthlab.org/publications/Howarth_2014_ESE_methane_emissions.pdf

29 https://www.duh.de/aktuell/interviews-und-statements/aktuelle-meldung/news/warum-im-sengal-kein-gas-oel-und-zirkon-abgebaut-werden-darf-ein-gespraech-mit-dem-senegalischen-ak/

30 https://taz.de/Senegal-unter-Diomaye-Faye/!6017861/

31 https://fridaysforfuture.de/senegal-germany-peoples-alliance-for-climate-justice/

32 Zapf, Marina: »Verpasste Chance? Warum aus dem Gas-Deal mit Senegal nichts geworden ist«, in: *Capital*, 18.04.24.

33 https://documents1.worldbank.org/curated/en/974861576765277625/pdf/Official-Documents-Financing-Agreement-for-Credit-6528-SN-Closing-Package.pdf

34 https://lequotidien.sn/exploitation-du-petrole-et-du-gaz-la-societe-civile-veut-un-nouveau-code-de-lenvironnement/

35 Das betrifft u.a. die IDA-Kredite 7128-SN (03.06.2022), 7329-SN (15.06.2023), und 7330-SN (15.06.2023).

36 https://documents1.worldbank.org/curated/en/466331592817725242/pdf/Global-Photovoltaic-Power-Potential-by-Country.pdf

37 Vgl. als eines von tausenden Beispielen: Chimee, Ihediwa N.: Coal and British Colonialism in Nigeria, in: *RCC Perspectives* 5, 2014, S. 19–26. Nebenbei sei bemerkt, dass auch hier »direkt« in den seltensten Fällen schlicht heißt »Kolonialherren kommen mit übermächtiger Waffengewalt und zwingen alle, für sie zu arbeiten«. Dieses Bild des Kolonialismus trifft das Wesentliche, ja, aber im Konkreten sind zur Aufrechterhaltung dieser Herrschaft vielfältigste Mechanismen, Intrigen und Vereinbarungen nötig – insbesondere die britische Kolonialherrschaft setzte auf »indirekte« Herrschaft durch bestehende lokale Institutionen, also auf eine enge Partnerschaft mit »korrupten, lokalen Eliten«, wenn man so möchte.

38 Später RWE Dea bzw. Wintershall DEA – Ende 2023 wurde bekanntgegeben, dass das Unternehmen an die britische Harbour Energy verkauft wird.

39 Campos R. et al.: Exclusive: Suriname reaches debt restructuring deal with bondholders, reuters, 04.05.2023.

40 https://www.imf.org/-/media/Files/Publications/CR/2024/English/1SUREA2024001.ashx

41 Mainhardt, Heike: World Bank and IMF are courting big oil in debt-laden Suriname, in: *Climate Home News*, 17.02.2022.

42 Vgl. Mainhardt, Heike: IMF in Mozambique and Mongolia: Exacerbating climate crisis with more tax breaks for coal and gas, Recourse, November 2020.

43 Osborn, Catherine: »Ecuador's Distant Dream of a Green Recovery«, in: *Foreign Policy*, 19.04.2022.

44 https://www.brettonwoodsproject.org/2018/07/bad-news-argentina-cruel-imf-back/

45 Di Paolo, Maria M.: Fracking's false hope: Why fossil fuels won't help to repay Argentina's national debt, in: *Bretton Woods Observer*, 07.04.2020.

46 https://www.imf.org/~/media/Files/Publications/CR/2018/cr18297-ArgentinaBundle.ashx

47 https://www.imf.org/en/News/Articles/2019/04/19/pr19121-republic-mozambique-imf-exec-board-approves-rapid-credit-facility-assistance-cyclone-idai

48 Ebrahim, Zofeen: Pakistan's 10 Billion Dollar Flood Funding Question, in: *Inter Press Service (IPS)*, 18.01.2023.

49 https://www.bundesregierung.de/breg-de/aktuelles/internationale-klimafinanzierung-zusagen-deutschland-2224152

50 Zahlen nach https://aid-atlas.org

51 https://www.faz.net/aktuell/wirtschaft/wirtschaftspolitik/oekonomen-mahnen-allein-kann-deutschland-das-klima-nicht-retten-1611874.html

52 https://deutsche-wirtschafts-nachrichten.de/515427/bernegger-deckt-auf-teil-zwei-der-westen-muss-das-klima-retten-damit-china-es-zerstoeren-kann. Der Bezug auf China dient nicht nur zur Entlastung, dass "wir" nichts im Kampf gegen die Klimakatastrophe tun könnten, sondern wird auch vom gefeuerten Finanzminister Christian Lindner benutzt, um sich bei Schuldenstreichungen zu entlasten: Für Verhandlungen zu Schuldenstreichungen müsste erst einmal China Verantwortung zeigen. Dabei hielt China zu der Zeit nur 9% der globalen Schulden. https://erlassjahr.de/blog/herr-lindner-vorm-schuldenberg-eine-auseinandersetzung-mit-den-positionen-des-deutschen-finanzministers/

53 https://thefinancialexpress.com.bd/trade/siemens-to-build-bangladeshs-largest-power-plant-1509885659, https://www.deutschlandfunk.de/kohlemine-in-australien-kleiner-auftrag-beschert-siemens-100.html

54 https://correctiv.org/aktuelles/2024/05/07/allianz-gegen-klimaschutz/

55 Stand 2023: https://www.bundesfinanzministerium.de/Monatsberichte/2023/11/Inhalte/Kapitel-3-Analysen/3-2-jahrestagung-iwf-und-weltbankgruppe-pdf.pdf?__blob=publicationFile&v=1

56 https://data.worldbank.org/indicator/DT.ODA.ALLD.CD

57 Hickel, Jason: The Divide. A Brief Guide to Global Inequality and its Solutions. London, 2017, S. 26. Das beinhaltet alle Zahlungen, nicht nur die an den IWF und die Weltbank.

Deutschland: Kind der Schuldenstreichung

1 https://www.fdp.de/sites/default/files/2024-11/wirtschaftswende-deutschland.pdf
2 https://www.cducsu.de/themen/peter-altmaier-die-substanz-der-deutschen-wirtschaft-ist-intakt-ein-jahr-nach-der-pandemie
3 https://www.bundesregierung.de/breg-en/news/speech-by-olaf-scholz-member-of-the-german-bundestag-and-chancellor-of-the-federal-republic-of-germany-at-the-world-economic-forum-in-davos-on-january-18-2023-2158658
4 Zitiert in https://pubs.aeaweb.org/doi/10.1257/jep.28.1.167
5 https://online.ucpress.edu/currenthistory/article/54/321/275/121755/The-Death-of-the-German-Economic-Miracle
6 https://www.jstor.org/stable/2728517
7 https://www.economist.com/special/1999/06/03/the-sick-man-of-the-euro
8 https://www.economist.com/leaders/2023/08/17/is-germany-once-again-the-sick-man-of-europe
9 https://www.ft.com/content/2135f8c7-dd60-463c-9bd5-5a907d5f8f1e
10 https://www.ft.com/content/6c345cf9-8493-4429-baa4-2128abdd0337
11 https://www.economist.com/special/1999/06/03/the-sick-man-of-the-euro
12 https://adamtooze.substack.com/p/buffetts-cash-pile-chinas-copper
13 Eigene Berechnung basierend auf Daten von PENN World Table, Version 10.01.
14 https://www.econlib.org/library/Enc/GermanEconomicMiracle.html
15 Olson, Mancur: The Rise and Decline of Nations: Economic growth, Stagflation, and Social Rigidities. Yale, 1982.
16 Jánossy, Ferenc: The End oft he Economc Miracle. Appearance and Reality in Economic Development. London, 1971.
17 http://link.springer.com/10.1007/s11698-008-0035-7
18 Vonyó, Tamás: The Economic Consequences oft he War. West Germany's growth Miracle after 1945. Cambridge, 2018.
19 Eigene Berechnungen, basierend auf Daten von Maddison Project Database 2020.
20 http://link.springer.com/10.1007/s11698-008-0035-7
21 https://www.econlib.org/library/Enc/GermanEconomicMiracle.html
22 Grunenberg, Nina: Die Wundertäter: Netzwerke der deutschen Wirtschaft 1942–1966. Berlin, 2006.
23 https://www.jstor.org/stable/25834718

24 Gallant, Katharina & Gallant, Zachary: Nazis all the Way Down. The Myth of the Moral Modern Germany. Frankfurt, 2023.
25 http://link.springer.com/10.1007/s11698-008-0035-7
26 Vonyó, Tamás: The Economic Consequences oft the War. West Germany's growth Miracle after 1945. Cambridge, 2018.
27 https://papers.ssrn.com/sol3/papers.cfm?abstract_id=493802
28 Vonyó, Tamás: The Economic Consequences oft he War. West Germany's growth Miracle after 1945. Cambridge, 2018, S. 155.
29 Es gibt Diskussionen, ob der tatsächliche Wert nicht höher bemessen werden müsste, siehe: https://papers.ssrn.com/sol3/papers.cfm?abstract_id=493802. Wir haben uns entschieden, mit einer Schätzung am unterem Ende des Spektrums zu arbeiten.
30 https://web.archive.org/web/20190715201513/http:/www3.austlii.edu.au/au/other/dfat/treaties/1954/17.html
31 https://data.debtjustice.org.uk/
32 https://www.boerse-online.de/nachrichten/aktien/ehemaliger-deutsche-bank-chef-hermann-josef-abs-der-inbegriff-des-bankers-20312990.html
33 Abs, Hermann-Josef: Die Entstehung des Londoner Schuldenabkommens. Mainz, 1991.
34 Weitzel, Otto: Die Entwicklung der Staatsausgaben in Deutschland 1972–1965. Köln, 2008.
35 https://academic.oup.com/ereh/article/23/1/1/4995332
36 https://www.imf.org/external/pubs/ft/scr/2016/cr16202.pdf
37 http://www.tandfonline.com/doi/abs/10.1080/09644009908404542
38 Für eine umfassende Besprechung des deutschen Wirtschaftsmodells siehe Nölke, Andreas: Exportismus. Die Deutsche Droge. Eine Entzugsstrategie für gesundes Wachstum. Frankfurt, 2021.
39 https://link.springer.com/10.1007/978-3-030-71315-7
40 http://www.tandfonline.com/doi/abs/10.1080/13501763.2013.822824
41 https://www.bild.de/politik/inland/griechenland-krise/bild-sagt-nein-teil-1-22845526.bild.html
42 https://static.esmt.org/publications/whitepapers/WP-16-02.pdf

Die Politische Gemengelage

1 Brandt, Willy (Hrsg.): Das Überleben sichern. Bericht der Nord-Süd-Kommission. Gemeinsame Interessen der Industrie- und Entwicklungsländer. Köln, 1982.
2 https://www.dw.com/de/g20-arme-l%C3%A4nder-m%C3%BCssen-schulden-erstmal-nicht-bedienen/a-57125579
3 https://www.akweb.de/bewegung/bosch-muenchen-warum-sich-klima bewegung-und-belegschaft-verbuendet-haben/
4 https://www.reuters.com/business/environment/colombia-oil-workers-join-anti-fracking-campaign-2021-04-06/

5 https://taz.de/Besetzte-Fabrik-bei-Florenz/!5904996/

6 https://www.debtforclimate.org/

7 https://tribunemag.co.uk/2021/04/big-finance-is-bleeding-the-global-south-during-covid-19/

8 https://erlassjahr.de/wordpress/wp-content/uploads/2022/04/GSDM22-online.pdf

9 https://www.misereor.de/fileadmin/user_upload/Infothek/publikation-schuldenreport-2022.pdf

10 Seit 2008 war die Reallohnentwicklung nur in vier Jahren höher als die Inflation – die Reallöhne sind seither also gesunken: https://www.destatis.de/DE/Themen/Arbeit/Verdienste/Realloehne-Nettoverdienste/_inhalt.html#sprg636206.

11 https://degrowth.info/en/blog/degrowth-requires-the-global-south-to-default-on-its-foreign-debts

12 Im Wesentlichen: 1. Die Stärke des Gläubiger-Kartells, die jedes Ausscheren mit dem Zurückhalten von kurzfristiger Liquidität bestraft – was in der Abhängigkeitsspirale, in der sich die meisten Schuldner-Staaten bereits befinden, absolut verheerend ist. 2. Die direkten Bedingungen der »last resort« Kredite von IMF und Weltbank. 3. Die Brückenfunktion lokaler Eliten, die auf Liberalisierungskurs sind und damit leichter an Finanzmittel kommen – was eine gewisse Internalisierung der Schuldzahlungsdisziplin forciert. Vgl. Roos, Jerome: Why not default? The political economy of sovereign debt. Princeton, 2019, S. 11.

13 Hickel, Jason: The Divide. A Brief Guide to Global Inequality and its Solutions. London, 2017, S.147.

14 https://progressive.international/blueprint/d3b4f9e2-3fd7-4d9a-b067-d13b073b1c3f-presenting-the-havana-declaration-on-the-new-international-economic-order/en

15 https://www.cadtm.org/World-Bank-IMF-support-to

16 Millet, Damien, Eric Toussaint, Vicki Briault Manus, and Gabrielle Roche: Who Owes Who? 50 Questions about World Debt. Global Issues. London, 2004, S. 23.

17 https://www.cadtm.org/South-Africa-The-support-of-the-World-Bank-and-the-IMF-to-the-Apartheid-regime

18 Flores Zendejas, Felipe Ford Cole: Foreign Debt and Colonization in Egypt and Tunisia (1862–182). In: Penet, Pierre, Flores Zendejas, Juan: Sovereign Debt Diplomacies: Rethinking sovereign debt from colonial empires to hegemony. Oxford, 2021, 73–94.

ISBN 978-3-98791-324-2
EUR 15,00

Wer sind eigentlich die Klimaextremist:innen, vor denen unsere Politiker:innen uns warnen?

In Interviews mit jungen europäischen Klimaaktivist:innen stellt dieses Buch eine Gruppe junger Menschen vor, deren Aktionen von Deutschlands Politiker:innen zunehmend kriminalisiert werden. Wer sind diese Jugendlichen, die bereit sind, ihre eigene Zukunft aufs Spiel zu setzen, um für das einzustehen, woran sie glauben? In Gesprächen über Gewalt, über die Polizei, über Schule, Familie und persönliche Erfahrungen bietet dieses Buch die Möglichkeit, in ihren eigenen Worten zu hören, was diese jungen Menschen in Zukunft zu tun bereit sind und warum. Ist das die Klima-RAF? Und warum hat jeder solche Angst vor ihnen?

Die Autorin **Sonja Manderbach** ist engagierte Klimaaktivistin, die insbesondere als Klimakleberin der Letzten Generation verhaftet und zu 300 Tagen Freiheitsstrafe verurteilt wurde.
Der Autor **Zachary Gallant** war 2023 Deutschlandleiter einer weltweit bekannten Klimagerechtigkeit-NGO.